via reise verlag

AF628586

Dolores Kummer

HAVELLAND

MIT POTSDAM

Symbole

via Tipp Lieblingsorte unserer Autorin Dolores Kummer
Highlights
Übernachten
Essen & Trinken

Hotels in der Hauptsaison (DZ)

€	bis 90 Euro
€€	bis 160 Euro
€€€	über 160 Euro

Inhalt

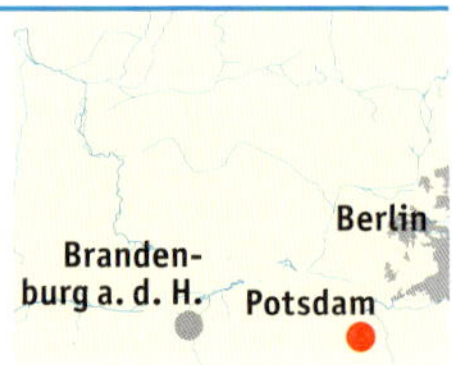

Berlin
Branden-
burg a. d. H.
Potsdam

Berlin
Branden-
burg a. d. H.
Potsdam

Berlin
Branden-
burg a. d. H.

Berlin
Branden-
burg a. d. H.
Potsdam

Berlin
Branden-
burg a. d. H.
Potsdam

Berlin
Potsdam
Branden-
burg a. d. H.

Das gibt es nur im Havelland

Paradies am Fluss

Die schönsten Plätze sind fast immer am Wasser, aber auch unter Sternen auf dem flachen Land. Stadt oder Stille, laut oder leise, beides ist möglich im Havelland. Unberührte Natur erleben sowie Kunst und Kultur genießen.

Im Zeichen der Birne

Ein Gedicht von Fontane über den Herrn von Ribbeck und seinen Birnenbaum machte das Dorf Ribbeck weltberühmt und zu einem Touristenmagneten. Alles dreht sich hier um die Birne. Das Schloss, die Alte Schule, die Brennerei oder das Café „Alte Wäscherei", all das kann man bei einer szenischen Führung kennenlernen. (► Seite 96).

Stadt mit sieben Seen

Die Stadt Brandenburg an der Havel gilt als die Wiege der Mark Brandenburg und teilt sich in drei Teile: die Alt- und die Neustadt sowie die Dominsel. Alle werden von der Havel umflossen. Interessant sind das Dommuseum und das Archäologische Museum im Paulikloster, spannend ist auch das Industriemuseum. Schöne Parks, viele kleine Cafés und Geschäfte laden zum Bummeln ein.

Trappen und Wisente

Das Havelland ist reich an seltenen Tieren und Pflanzen. Besondere Erlebnisse bietet eine Wanderung in die Sielmann-Naturlandschaft Döberitzer Heide, wo Wisente und Przewalski-Pferde leben. Das NSG Gülper See ist ein Rast- und Brutplatz für Gänse, Kraniche und Singschwäne, es gibt Exkursionen und Beobachtungstürme. Mit Rangern geht es ins Havelländische Luch zur Balz der Großtrappe, dem größten flugfähigen Vogel Europas.

Die Obstkiste Berlins

Rund um Werder findet man eins der größten Obstanbaugebiete Deutschlands, schon vor einhundert Jahren versorgten die Werderaner die Berliner mit Äpfeln, Birnen und Kirschen. Heute ist mitten in der Stadt sogar ein Weinberg. Im Frühjahr wird das traditionelle Baumblütenfest gefeiert und in den Plantagen gibt es schöne Hofläden. Zu jeder Jahreszeit schön ist die malerische Altstadtinsel von Werder mit kleinen Cafés und feinen Restaurants.

Kultur erleben

Die pulsierende Landeshauptstadt Potsdam hat zahlreiche historische Kostbarkeiten, wie die Schlösser und Gärten von Sanssouci. Zum Bummeln laden das Holländische Viertel oder die Shoppingmeile an der Brandenburger Straße ein.

Die Milchstraße mit bloßem Auge sehen

Der Naturpark Westhavelland wurde von der International Dark Sky Association (IDA) als erster Sternenpark Deutschlands anerkannt. Die dünne Besiedlung hat eine geringe Lichtverschmutzung zufolge. Es gibt Sternenführungen, Astrocamps und Beobachtungsstationen (▶ Seite 173).

Mit dem Dampfer uffn Beetzsee

Die Reederei Röding ist ein kleines Familienunternehmen in Brandenburg an der Havel. Ein tolles Erlebnis ist es mit ihrem Dampfer *Havelfee* über den Beetzsee zu schippern. Auch schön sind eine Tagesfahrt nach Spandau oder das Kapitänsdinner (▶ Seite 141).

Dolores Kummer

ist eine Reisejournalistin, die gern per Rad oder zu Fuß unterwegs ist. Als sie das Havelland erkundete, war sie besonders beeindruckt von der weiten und stillen Flusslandschaft sowie von dem wundervollen Nachthimmel im Sternenpark.

Land & Leute

Das Havelland ist eine Region, die überrascht und verzaubert: stille Wälder, große Seen und weite Felder, Obstplantagen und Weinberge. Das Leben von Mensch und Tier ist eng mit der Havel verbunden, die alles durchfließt.

▼ *Überall gibt es verschwiegene Plätze wie am Göttinsee östlich von Ketzin*

Das Havelland heute

Sehen, erleben, genießen

Das Havelland ist eine historische Landschaft, die schon der Dichter Theodor Fontane beschrieb. Im Kern entspricht es dem heutigen Landkreis Havelland, aber auch Teile des Landkreises Ostprignitz-Ruppin sowie Brandenburg an der Havel und Teile von Potsdam und Berlin gehören dazu.

Dementsprechend groß sind die Unterschiede und kaum eine Region in Brandenburg ist widersprüchlicher. Auf der einen Seite ist da das Westhavelland mit seiner Stille, dem Sternenpark und der renaturierten Havel. Fantastische Bedingungen für Flora und Fauna und ein Paradies für Erholungssuchende, für Menschen die abschalten wollen.

Die Stadt Brandenburg sticht da heraus, sie ist immer noch Industrie- und Wissenschaftsstandort. Immer mehr junge Leute leben gern hier, weil auch etwas los ist. Auf dem Land ringsum haben sich allerlei Sommerfrischler und Künstler niedergelassen. Gutshäuser und Schlösser wie Paretz, Ribbeck oder Kleßen wurden liebevoll saniert und geben heute spannende Einblick in die Regionalgeschichte.

Auf der anderen Seite sind da der schnell wachsende Berliner Speck-

Ruhig fließt die Havel durch saftige Wiesen und Auenlandschaften

gürtel und die Landeshauptstadt Potsdam. Die früher unbeliebten Grundstücke an der Berliner Mauer sind seit der Wende sehr begehrt. Städte wie Falkensee haben ihre Einwohnerzahl und Ausdehnung fast verdoppelt.

Zwischen den Potsdamern indes entbrannte ein Streit: Wem gehört die Stadt? Den Zugezogenen in den Luxusvillen oder den Alteingesessenen im Plattenbau? Bezahlbarer Wohnraum ist knapp. Allein 19000 Pendler kommen täglich aus Berlin. Statistisch wird zwar mehr gebaut als in der Bundeshauptstadt, doch Sozialwohnungen gibt es kaum. All das schlägt auf das Lebensgefühl zurück.

Schön und originalgetreu sind die Schlösser und Gärten, der ganze Stolz der Potsdamer und UNESCO-Welterbe. Doch manch Rekonstruiertes in der Innenstadt wirkt wie eine künstlich aufgebaute Vorzeigewelt, eine Art Disneyland: schön für Touristen, aber ohne lebendige Kiezkultur.

Wirtschaftlicher Aufschwung

Erfreulicherweise sind die Arbeitslosenzahlen 2023 im Havelland auf ein Rekordtief von 5,6 % gesunken, in Potsdam sind es 5,2 %. Neben dem Tourismus und dem Gastgewerbe arbeiten viele Havelländer im Handel, Verkehr oder Dienstleistungssektor. Durch neue Firmen auf der grünen Wiese, wie das *Designer Outlet* in Wustermark oder *Karls Erlebnisdorf Elstal* sind einige Arbeitsplätze entstanden. Eine erfreuliche Entwicklung sind kleine Biobetriebe in der Landwirtschaft, im Obst- oder Weinanbau.

Die Havelregion

Ausdehnung: Im Kern der Landkreis Havelland, dazu nördlich Teile des Rhinluchs, südlich einschließlich Caputh, im Westen bis nach Havelberg und östlich bis nach Potsdam und Berlin-Spandau
Verwaltung: Landkreise Havelland, Ostprignitz-Ruppin und Potsdam-Mittelmark, die kreisfreien Städte Brandenburg und Potsdam sowie Teile Berlins
Einwohner: Mit Potsdam und Brandenburg etwa 450 000
Landschaft: Flusslandschaft, große und kleinere Seen, Wälder, Wiesen, Moore, Heiden, wenige Hügel sowie Hochflächen (sogenannte Ländchen) wie Glien oder Rhinow
Größter See: Der 22 Kilometer lange Beetzsee bei Brandenburg an der Havel mit 959 Hektar
Wichtige Orte: Die Landeshauptstadt Potsdam, Wirtschaftsstandorte wie Brandenburg, Rathenow und Havelberg, Berlin-Spandau und der Speckgürtel Berlins wie Falkensee
Wirtschaft: Obstanbau, Stahlindustrie, Fahrzeug- und Schiffbau, Landwirtschaft, Optische Industrie, Gewerbeparks mit Dienstleistungsunternehmen, Tourismus

Für sie stellt sich jedoch das Problem, wie für Hoteliers oder Gastronomen, überhaupt Arbeitskräfte zu finden.

Bezahlbarer Wohnraum

Sehr gute Bahnverbindungen machen das Pendeln in die Hauptstadt möglich, aber die Berliner pendeln umgekehrt auch ins Havelland. Gerade Potsdam hat sich in den letzten Jahren als Standort für Forschung, Wissenschaft und Medien etabliert. Viele Berliner fahren täglich nach Babelsberg und würden vielleicht gern in der Nähe wohnen.

Das zentrale Thema der Zukunft wird bezahlbarer Wohnraum sein. Die Hauptstadt nähert sich den Orten im Umland immer mehr an. Viele Berliner, die die zentralen Bezirke wegen steigender Mieten verlassen müssen, denken über Alternativen auf dem Land oder in Kleinstädten nach. Das Havelland mit viel Grün und Wasser ist da sehr beliebt. Ebenso wie bei den Wassersportlern, die sich heute schon beklagen, dass es in Potsdam zu wenige Liegeplätze für große Jachten gibt.

Nachhaltigkeit und erneuerbare Energien

Windparks – ja oder nein? Klar ist, dass es eine Energiewende geben wird, aber müssen es unbedingt diese vielen Windräder wie an der B 5 sein? Sie machen Lärm und stehen dem Vogelschutz im Wege. Bringen die überhaupt etwas? Das sind die Fragen, die hier viele bewegen, vor allem: Welche Alternativen sind möglich?

Ein anderes Thema ist die Renaturierung der Havel im Westhavelland, vielleicht das größte Zukunftsprojekt in der Region. Naturschutz und Landwirte müssen noch einige Diskussionen führen.

Daneben gibt es aber auch immer mehr Bauernhöfe, die auf eine ökologische und nachhaltige Produktion umgestellt haben und so zum Schutz der Artenvielfalt in dieser einzigartigen Region beitragen.

Der Havellandmensch

DEN Havellandmenschen gibt es nicht. Die Bevölkerung reicht von der eingewanderten Anhaltinerin bis zum zugezogenen Oberbayern oder der ruhesuchenden Familie aus dem Westen Berlins. Dazwischen leben die Einheimischen.

Der Menschenschlag an der Havel nimmt kein Blatt vor den Mund. Rau, aber herzlich lautet die Devise. Man kümmert sich, ist hilfsbereit, macht vieles noch selbst, auch wenn es Mühe macht. Das ist wichtig, vor allem wenn man ländlich wohnt. Böse Zungen sprechen von einer sturköpfigen Betulichkeit, vielleicht ist das aber nur ein gesundes dickes Fell, was man entwickeln muss, wenn sich so vieles verändert.

Touristen sind gern gesehen, denn man ist doch stolz auf seine Region.

Die Havelländer kennen sich aus mit Fisch, Obst und Gemüse, sie sind naturverbunden und lieben Tiere, besonders Kühe, Katzen und Pferde. Die Leute hatten es nicht leicht. Nach der Wende machten viele Betriebe dicht. Viele müssen deshalb heute oft lange Wege zur Arbeit zurücklegen. Ein Auto ist oft unverzichtbar, aber Zeit ist Geld, darum fahren Havelländer gern sportlich. Am Wochenende kommen die Auswärtigen, die hier kleinere oder größere Häuser erworben haben. Die wollen natürlich dazugehören und manchmal schaffen sie es sogar – manche früher, andere später, einige aber nie. Feiern tun die Havelländer auch sehr gern, wenn's sein muss auch mit den Neuen – Hauptsache kein Stress!

Fischer Wolfgang Schröder am Gülper See

Landschaft & Natur
Wasser, grüne Auen und Sterne

Flüsse und Seen, Wälder, Wiesen und Moore: Die Landschaft des Havellandes wurde von der Weichseleiszeit geprägt.

In der letzten Eiszeit schoben die Gletscher Kies, Sand und Ton vor sich her. Eine spätere Wärmephase hatte das Abschmelzen des Eises zur Folge. Zurück blieben Hochflächen wie die Nauener Platte und die sogenannten Ländchen Friesack, Nennhausen, Glien und Rhinow mit dem 109 Meter hohen Gollenberg. Im Süden entstand der Götzer Berg zwischen zwei Gletscherzungen. Er ist mit 108,6 Metern der zweithöchste Berg im Havelland und wird von einem Aussichtsturm gekrönt.

Zwischen den Hochflächen entstanden Niederungen, so auch die Untere Havelniederung mit der Havel. Sie bildet heute mit den umliegenden Niederungen das größte zusammenhängende Feuchtgebiet in West-Mitteleuropa. Zwischen Pritzerbe und der Havelmündung findet man eine wunderschöne Auenlandschaft mit Wiesen und Weiden.

Der nahe Gülper See ist beliebt als Vogelrastplatz und ein Naturschutzgebiet von überregionaler Bedeutung. Darunter erstreckt sich der *Sternenpark Westhavelland* von Gülpe

Vielleicht das schönste Fleckchen im Havelland: das Havelufer bei Parey

bis Nennhausen. Eine nahezu unbesiedelte Region, wo es keine Lichtverschmutzung gibt. Hier treffen sich Hobbyastronomen, besonders in den Sternschnuppennächten. Achtzehn zertifizierte Natur- und Landschaftsführer arbeiten im *Naturpark Westhavelland*. Sie bieten heimatkundliche Führungen, Wanderungen, Rad- oder Kanutouren an.

Moore und Feuchtwiesen

Bei Nennhausen beginnt das Havelländische Luch, ein fast unberührter Landstrich mit Wiesen und Weiden, Gräben und Bruchland. Hier sind Störche, Kraniche und die seltenen Großtrappen zu Hause. Das Land Brandenburg ist heute das reichste Moorland Deutschlands. Moore gibt es besonders im nördlichen und mittleren Havelland, so das Moor Bolchow bei Buschow. Nicht nur unter Friedrich Wilhelm I., auch in der DDR wurden durch die Melioration viele Flächen für die Landwirtschaft trockengelegt. Nun gibt es einen Rückwärtstrend, weil entwässerte Moore Kohlendioxid freisetzen. Werden sie wieder durchfeuchtet, sind sie die besten Ökosysteme der Welt und leisten einen wichtigen Beitrag für Natur und Umwelt.

Wälder und Seen

Der Süden des Havellandes ist voll mit Seen und Wäldern. Die großen Havelseen sind gut ausgelastet von motorisierten Wassersportlern. Trotzdem findet man mit dem Segelboot, Floß oder Kanu noch ein ruhiges Plätzchen. Auch zum Ba-

Tausende Graugänse und andere Zugvögel rasten im Herbst am Gülper See

den entdeckt jeder eine stille Bucht. Erholsam sind die Wälder rund um Potsdam und Berlin, beliebt ist auch *Sielmanns Naturlandschaft Döberitzer Heide,* ein Naturschutzgebiet mit Wisenten und Wildpferden.

Die Havel

Die Havel ist die Lebensader der Region. Der Name stammt vom elbslawischen Stamm der Heveller, die schon früh dort siedelten. Der 334 Kilometer lange Fluss entspringt bei Ankershagen in Mecklenburg-Vorpommern. Im Havelland führt die Untere Havel-Wasserstraße von Spandau bis nach Havelberg. Der Wasserspiegel der Havel liegt heute deutlich unter dem der Elbe, zehn Schleusen regeln das Gefälle.

Während man in Potsdam sehr umstrittene Pläne für den Ausbau der Havel als Schifffahrtsstraße umsetzt, passiert im *Naturpark Westhavelland* das Gegenteil. Dort startete von Pritzerbe bis Gnevsdorf das *NABU-Renaturierungsprojekt Untere Havel.* „Die Havel, um es noch einmal zu sagen, ist ein aparter Fluss", schrieb Theodor Fontane einst. Apart anzuschauen ist die Havel allemal, besonders wenn man auf einer der gemütlichen Terrassen in Ketzin oder Brandenburg sitzt.

Allerdings kann der Fluss auch anders. Immer wieder kam es im Laufe der Jahre zu Überschwemmungen, besonders durch den Rückstau der Elbe im Westhavelland. Die letzten Hochwasser waren 2002 und 2013. In beiden Jahren wurde das schon überspülte Wehr zur Elbe bei Neuwerben geöffnet. Die Havelpolder wurden geflutet. Auch um die Jahreswende 2023/24 stieg bei Havelberg der Pegel deutlich an. In Zukunft soll der natürliche Lauf der Havel wiederhergestellt werden, es werden Altarme neu angelegt, Uferbefestigungen abgebaut. Informationen gibt es im *Haus der Flüsse* in Havelberg (► Seite 177).

Pflanzen und Tiere

Das Havelland besitzt unterschiedliche Lebensräume mit einer reichen Tier- und Pflanzenwelt. Zum einen die Flusslandschaft des *Naturparks Westhavelland* mit Auenwäldern und Feuchtwiesen, im Havelländischen Luch und in der Döberitzer Heide dagegen eine weite, flache Feld-, Wiesen- und Heidelandschaft, im Norden dichte Wälder und im Süden die großen Havelseen.

Typisch für das Westhavelland sind die **Kopfweiden.** Sie sind beliebt bei Höhlenbrütern wie **Waldkauz** und **Wiedehopf.** In der Fluss- und Seenlandschaft gibt es besonders viele Sumpf- und Wasserpflanzen. Im Frühling blühen leuchtend gelb die **Sumpfdotterblumen,** aber auch die **Wasserlilien.** Wunderschön ist auch die Fülle an Feld- und Wiesenblumen. Selten vorkommende Pflanzen sind **Kuhschelle, Lungenenzian** und das **Knabenkraut.** Ebenso reich ist die Tierwelt, angefangen bei den Fischen. Neben den gängigen **Speisefischen** gibt es **Steinbeißer, Schlammpeitzger** und **Bitterling.** Im Rhinluch lebt die seltene **Sumpfschildkröte,** im Westhavelland **Teichmolch, Moorfrosch** und **Knoblauchkröte.** Kein Wunder, dass es hier auch eine große Anzahl von **Weißstörchen** gibt, aber auch **Rohrweihen, Fisch-** und **Seeadler.** Am Gülper See sammeln sich im Herbst tausende Durchzügler wie **Wildgänse, Kraniche** und **Enten.** Im Winter kommen die **Singschwäne** aus dem nördlichen Osteuropa. Der seltenste Vogel ist die Großtrappe im Havelländischen Luch (► Seite 16).

Besonderen Schutz genießen auch Bodenbrüter wie der Große Brachvogel oder der Kiebitz. Nicht selten sind Elbbiber, Fischotter oder Wasserspitzmaus.

Auch Biber fühlen sich an der Havel und ihren Nebenarmen wohl

Die Großtrappe
Der märkische Strauß

Die Großtrappe ist einer der schwersten flugfähigen Vögel der Welt, äußerst selten und vom Aussterben bedroht. Im Havelländischen Luch tun Naturschützer alles für den Erhalt dieser eindrucksvollen Tierart.

Es gibt Leute, die schütteln nur den Kopf, was hier für ein Aufwand betrieben wird für einen Vogel. Doch wer erstmal einen Trappenhahn bei der Balz gesehen hat, die stolzen Tiere mit dem imposanten Federkleid, der kommt nicht mehr davon los. Erst recht nicht, wenn er als Kind in den 1960er-Jahren sehr häufig Großtrappen sah und nun erkennt, wie verschwindend klein die heutige Population in Deutschland geworden ist.

In Deutschland gibt es noch 307 Tiere (Stand 3/2023), und zwar im Fiener Bruch, in den Belziger Landschaftswiesen und (die größte Gruppe) im Havelländischen Luch (▶ Seite 92). Die Großtrappe steht seit Jahren auf der Roten Liste. Naturschützer sprechen jedoch von einem Erfolg, denn Ende der 1990er-Jahre war der Bestand sogar auf fünfzig Tiere gesunken. Ein absoluter Tiefpunkt, mit dem sich viele Tierfreunde nicht abfinden wollten.

Die Großtrappe ist ursprünglich ein Steppenvogel. Die älteren Männchen werden bis zu 17 Kilogramm schwer, ihre Körperlänge kann bis über einen Meter betragen. Die Weibchen sind deutlich kleiner und leichter. Die Vögel können bis zu zwanzig Jahre alt werden. Ältere Hähne tragen unterhalb des Schnabels einen Bart aus langen Federn. Großtrappen sind äußerst scheu. Ihr Obergefieder ist braunweiß gesprenkelt, unter dem Bauch weiß.

Im Mittelalter waren Großtrappen eine beliebte Jagdbeute. Der Große Kurfürst legte am 12. Mai 1668 eine Jagdregel fest: „Wir Friderich Wilhelm / von Gottes Gnaden Marggraff zu Brandenburg … geben männiglich hiermit zu vernehmen / daß WIR in glaubwürdige Erfahrung bringen / was Massen einiger Unserer Vasallen und Unterthanen / die keine hohe Jagd Haben / Trappen und Schwaane uff ihren Gräntzen zu schießen / sich gelüsten lassen … WIR solches keinen weges gestatten können …" Die hohe Jagd war nur den Fürsten vorbehalten, auch weil junge Trappen eine besondere Delikatesse darstellten.

Friedrich II. bekämpfte die Trappen eher als Plage für die Landwirtschaft. Im Jahre 1751 klassifizierte er den Vogel wieder zur Niederen Jagd. Noch Anfang des 20. Jahrhunderts mussten Schulkinder Trappeneier von den Wiesen sammeln. Heute ist es umgekehrt, die intensive Landwirtschaft schadet den Trappen, ebenso wie die neu entstandenen Straßen und Industrieanlagen. Großtrappen leben nach Geschlechtern getrennt in eigenen Revieren, zur Balz fliegen beide in die immer gleichen Balzreviere.

Zur Balz stellen die Großtrappenhähne ihre imposanten Schwanzfedern auf

Stehen Windräder auf der Flugroute, ist das gefährlich. Auch Hochspannungsleitungen der Bahn zählen zu den Gefahren, weshalb man beim Bau der Bahnstrecke bei Nennhausen besondere Schutzwälle anlegte.

Großtrappen ernähren sich vor allem von Kräutern, Samen, Früchten und Insekten, manchmal auch von Kleinsäugern. Die Jungtiere schlüpfen nach einer Brutzeit von etwa drei Wochen und sind Nestflüchter. Sie werden in den ersten zwei Wochen von den Hennen nur mit Insekten gefüttert, dann müssen die Kleinen selbst auf Nahrungssuche gehen. Schon ab der fünften Woche flugfähig, laufen sie aber erst einmal drei Monate nur am Boden herum – äußerst riskant, auch wegen Beutegreifern wie Fuchs, Waschbär und Marderhund.

Großtrappen brauchen weite Flächen mit nicht zu hohen Kräuterpflanzen, die gibt es so gut wie gar nicht mehr. In einem Projekt des ELER (Europäischer Landwirtschaftsfond für den ländlichen Raum) soll bis September 2024 die Population stabilisiert und im Zerbster Land erweitert werden. Das Schutzgebiet Havelländisches Luch wird vom *Förderverein Großtrappenschutz e. V.* betreut, der auch eine Aufzuchtstation betreibt. Besucher können die scheuen Vögel sehr gut zur Balzzeit von März bis Mai beobachten. Da plustern sich die Männchen mächtig auf. Aber nur die Hennen wählen aus, meist den ältesten Hahn. Nahe Garlitz gibt es zwei Beobachtungstürme, zusätzlich bietet die Vogelschutzwarte in Buckow bei Nennhausen während der Balzzeit geführte Touren an. Fernglas nicht vergessen!

www.grosstrappe.org

Architektur
Schlösser und Katen

Die Havelregion ist geprägt von wechselnden Besitzverhältnissen, von Abwanderung und Zuzügen, von Einwanderern und Kolonisten. Trotzdem hat sich eine einheitliche Kulturlandschaft entwickelt, die vorwiegend ländlich geprägt ist, aber mit Potsdam und Brandenburg an der Havel auch zwei große historische Städte besitzt.

Die ersten Bewohner der Region waren Fischer am Ufer der Havel, vermutlich zuerst im Westhavelland, wo man bei Ausgrabungen den „Mann von Milow" gefunden hat. Der soll schon 3000 Jahre vor unserer Zeitrechnung im Milower Land gelebt haben. Eine Replik befindet sich in Milow im *NABU-NaturparkZentrum Westhavelland*. Interessante prähistorische Zeugnisse, zum Beispiel das älteste Fischernetz der Welt, zeigt das Archäologische Museum im Paulikloster in Brandenburg (Havel) – selbst eines der ältesten Bauwerke der Region.

Im Havelland stehen rund 150 Kirchen ganz unterschiedlicher Bauweise, vom Fachwerk über Feld- oder Backsteinarchitektur bis hin zum Plattenbau. Sie sind alle eher schlicht, viele wurden In den letzten Jahren liebevoll saniert. Unbedingt sehens-

Blick auf Potsdam, im Vordergrund die Havel

wert ist die Dorfkirche Paretz (▶ Seite 106), deren Grundmauern aus dem 12. Jahrhundert stammen. Ebenfalls sehr alt sind die Feldsteinkirche in Spaatz sowie die Dorfkirchen Kriele und Pessin. Schöne Fachwerkkirchen sieht man in Milow (▶ Seite 149), Görne und Markee. Kurios sind die Kirche von Tremmen mit zwei Kirchtürmen (▶ Seite 102), die Dorfkirche Plaue mit Wandmalereien und die winzige Kirche in Bahnitz (▶ Seite 151).

Typisch waren früher die märkischen Angerdörfer: Die Straße teilt sich am Ortseingang und gibt einen öffentlichen Platz frei. Schöne Dorfanger gibt es heute noch in Tietzow, Pausin und Bahnitz (▶ Seite 151). Während der Deutschen Ostsiedlung im Hochmittelalter wurden oft Zwölf-Hufen-Dörfer angelegt: Hier standen die Häuser nebeneinander, das Land befand sich in länglicher Form dahinter. Typische Hufendörfer sind Wolsier, Leest und Tieckow. An den Dorfrand zogen später Kossäten, ärmere Landarbeiter. Den ältesten vollständig erhaltenen Kossätenhof aus dem Jahre 1728 findet man in Premnitz (▶ Seite 152). Mit der Trockenlegung des Rhin- und des Havelluchs entstanden Siedlungen auf den Anhöhen, den Horsten, noch erkennbar an Namen wie Kuh- und Königshorst, Ribbecks- oder Lindenhorst.

1754 ordnete Friedrich II. an, dass jeder Bauernhof sechs bis acht Obstbäume zu setzen hatte, 1765 verschärfte er die Regel und forderte das Anlegen eines Obstgartens. Heute bestehen die Dörfer meistens aus Mischformen und man sieht einfache

Das Holländische Viertel in Potsdam

Bauernhäuser, Vierseithöfe, Stuckbauten aus der Gründerzeit und Einfamilienhäuser aus der DDR. Typisch sind die kleinen hübschen Vorgärten.

Die schöne Landschaft inspirierte auch Adlige und Könige zum Bau von Herrenhäusern und Landschlössern. Sehenswert sind im mittleren Havelland die Schlösser Ribbeck (▶ Seite 94) und Roskow, im Süden Paretz (▶ Seite 107) und Caputh (▶ Seite 120) sowie im Westhavelland Kleßen (▶ Seite 164) und Nennhausen (▶ Seite 160), beide mit wunderschönen Parks. Doch es gibt auch noch viel zu tun. Das älteste Gutshaus der Region in Pessin aus dem Jahre 1419 beispielsweise ist in Privatbesitz und gammelt leider vor sich hin.

Architektonischer Höhepunkt ist neben Potsdam die Stadt Brandenburg an der Havel (▶ Seite 127). Sie hat gleich drei mittelalterliche Stadtkerne, außerdem das Paulikloster, den Dom und das Altstädtische Rathaus sowie das Industriemuseum. Beeindruckend ist Havelberg (▶ Seite 174) mit seinem weithin sichtbaren Dom und der mittelalterlichen Insel. Doch auch Kleinstädte wie Werder (▶ Seite 109), Rathenow (▶ Seite 154) oder Pritzerbe (▶ Seite 149) haben ihren besonderen Reiz.

Potsdam mit seinen Schlössern und Gärten nimmt natürlich eine Sonderstellung ein, allen voran Sanssouci (▶ Seite 46) mit dem Lustschloss Friedrichs II. auf dem Weinberg, den Neuen Kammern, den Römischen Bädern und dem Neuen Palais. Außergewöhnlich ist die 1750 von Friedrich II. angelegte *Colonie Nowawes*, wo böhmische Weber und Spinner in 205 Häusern wohnten. Sie sollten Seide herstellen für den Königshof, wozu Friedrich hunderte von Maulbeerbäumen pflanzen ließ. Einige dieser Kolonistenhäuser sind heute noch zu bestaunen, sie gruppieren sich um den Babelsberger Weberplatz. Sehr romantisch ist dort der Böhmische Weihnachtsmarkt.

Havelländische Küche
Einfach und bodenständig

Im Havelland ist der Tisch reich gedeckt. Die Küche ist bodenständig, ohne Schnickschnack. Man kocht, was das Land hergibt. „Obstkiste von Berlin" wird die Region auch oft genannt. Besonders rund um Werder liegen riesige Apfelplantagen. Aber auch Birnen, Kirschen, Erdbeeren, Sanddorn oder Heidelbeeren werden angebaut. Es gibt unzählige Produkte wie Obstweine, Säfte und Aufstriche, sowie Selbstpflücke auf den Plantagen. Eine Renaissance erlebt der Weinanbau. Die Weine aus Töplitz oder vom Werderaner Wachtelberg können sich durchaus sehen lassen. Neben der Kartoffel sind auf den Feldern vor allem Spargel, Mais, Grünkohl und Kürbis präsent. In Ribbeck hat man sich der Birne verschrieben, dort gibt es mehrere Restaurants und Cafés, wo es typische Birnengerichte gibt wie Birne Helene oder Birnenkuchen, aber auch Birnenbrand und Liköre.

Die Auenlandschaft des Havellands ist ideal für die Weidewirtschaft. So gibt es zahlreiche Milchbetriebe, aber auch Ziegenhöfe, Enten-, Gänse- und Hühnerhaltung. Besonders zu empfehlen ist die Ziegenfarm Karolinenhof, hier gibt es leckeren Ziegenkäsekuchen. Begehrt ist auch das Fleisch vom Havelländer Apfelschwein, was sich zum größten Teil von Äpfeln ernährt und im Freien lebt.

Und was wäre das Havelland ohne Fisch? Aal, Wels, Zander und Hecht sind die beliebtesten Speisefische. Fischspezialitäten sind die Havelländische Fischsuppe oder das Welsfilet mit Honig-Senf-Soße. In Strodehne kann man bei Fischer Schröder frischen Fisch kaufen, ebenso bei Fischer Kühn am Plessower See, Fischer Berner in Werder oder Lutz Schröder in Plaue bei Brandenburg. Auch in vielen Restaurants werden Gerichte mit frischem Fisch aus der Havel und anderen Produkten aus der Region serviert.

Ribbecker Birnensuppe

1 kg Birnen
Wasser
175 ml Weißwein
60g Zucker
¼ TL Zimt,
Saft einer Zitrone
5 EL Sago

Wasser, Wein, Zucker, Zimt und Zitronensaft in einem Topf zum Kochen bringen. Die Birnen schälen, vom Kerngehäuse befreien und in kleine Scheiben schneiden. Zusammen mit dem Sago in die kochende Flüssigkeit geben, 25 Minuten köcheln lassen, öfter umrühren. Als Einlage: Geröstete Weißbrotwürfel servieren.

Das Havelland im Lauf der Zeit

Um 10 000 v. Chr.

Die Eismassen der letzten Eiszeit schmelzen ab. Auf den frei werdenden Flächen wächst eine neue Vegetation heran, der große Rentierherden nach Norden folgen. Jäger wandern den Tieren hinterher.

12 v. Ch.–2. Jahrhundert

An den Ufern von Havel und Spree siedelt der elbgermanische Stamm der Semnonen. Der römische Geschichtsschreiber Tacitus bewundert ihren Reichtum und ihr hohes Alter.

4. Jahrhundert

Zeit der Völkerwanderung. Die Semnonen wandern nach Südwestdeutschland ab.

9.–12. Jahrhundert

In der Region siedelt der elbslawische Stamm der Heveller. Sie errichten acht Burgen zum Schutz des Landes unter anderem in Spandau, Potsdam und Rathenow, ihr Hauptsitz ist die Brandenburg.

993

Potsdam wird als „Poztupimi" in der Provinz „Hevellon" erstmals erwähnt.

1127

Der Slawenfürst Meinfried wird beim Kampf um die Feste Brandenburg ermordet, wahrscheinlich von Pribislaw-Heinrich, ebenfalls ein Slawenfürst. Beide waren bereits zum Christentum übergetreten. Pribislaw tritt mit dem Gebiet der Heveller dem Deutschen Reich bei. So verlagert sich dessen Grenze bis zu den slawischen Sprewanen.

1150

Der Askanier Albrecht der Bär übernimmt nach dem Tod von Pribislaw die Burg Brandenburg. Der Fürst der Sprewanen Jaxa von Köpenick erhebt ebenfalls Ansprüche. Es kommt wiederholt zum Kampf. Bauern und Handwerker aus Niedersachsen und vom Niederrhein wandern ein.

3. Oktober 1157

Nach heftigen Kämpfen gewinnt Albrecht der Bär die Brandenburg. Er ist der erste Markgraf. Das Datum gilt als die Geburtsstunde der Mark Brandenburg.

1335

Die Adelsfamilie von Bredow erwirbt das Ländchen Friesack und wird zu einer der einflussreichsten Familien.

1375

Das märkische Uradelsgeschlecht derer von Ribbeck wird im Ort Ribbeck urkundlich erwähnt.

1618–1648

Dreißigjähriger Krieg: Im unwegsamen und sumpfige Gelände des

Schiffbau in einer Werft in Havelberg um 1700

Rhinluchs halten sich die Kriegsschäden in Grenzen. Doch entlang der Handelswege ziehen die Söldner plündernd und mordend durchs Land. Der Schwedenkönig Gustaf Adolf nimmt mit seinen Truppen in Spandau Quartier. Nach dem Krieg liegen viele Ortschaften wüst, die Bevölkerung ist geflohen.

1660

Der Große Kurfürst Friedrich Wilhelm wählt Potsdam als Residenzstadt. Die Hohenzollern werden das Land mehr als zweihundertfünfzig Jahre regieren.

1685

Das „Edikt von Potsdam" ermöglicht ein schnelles Einwandern. Es kommen mehr als 20 000 protestantische Hugenotten, vor allem Handwerker wie Tuchmacher, Weber, Hutmacher, Schneider. Theodor Fontane ist ein Nachfahre dieser Zuwanderer.

1686

Jakob Friedrich von Briest erhält vom Großen Kurfürsten Friedrich Wilhelm das Schloss Nennhausen als Lehen für seine Verdienste.

1687

In Havelberg wird eine Werft der Hohenzollern errichtet. Es werden schwere Fregatten für die Kurbrandenburgische Marine gebaut.

1713

Der „Soldatenkönig" Friedrich Wilhelm I. kommt an die Macht. Er gibt der Stadt Potsdam erstmals eine bauliche Struktur und beginnt mit der Trockenlegung des Rhin- und des Havelluchs. Der gewonnene Boden ist ideal für die Weidewirtschaft.

1740
Friedrich II. wird König. Er vertritt den Geist der Aufklärung und hat erheblichen Einfluss auf die Entwicklung von Kunst, Wissenschaft und Architektur in Preußen.

1. Mai 1747
Einweihung des Schlosses Sanssouci in Potsdam.

1786
Friedrich II. stirbt. Bis zu seinem Tod holte er über 300 000 Kolonisten nach Preußen. Sie kommen aus Sachsen, Mecklenburg, aus Böhmen, dem Rheinland und der Pfalz.

1801
Bau der ersten optischen Industrieanstalt durch Johann Heinrich August Duncker in Rathenow.

1806–1812
Besetzung durch die Franzosen.

1807
Oktoberedikt, Reformen in Preußen, Aufhebung der Leibeigenschaft.

1912–1914
Bau des Stahl- und Walzwerkes in Brandenburg/Havel.

Franz Xaver Sandmann: „Potsdam vom Brauhausberg geseh'n" (1850)

1920

Spandau wird nach Groß Berlin eingemeindet.

21. März 1933

Der *Tag von Potsdam:* Am 5. März 1933 wird Hitler Reichskanzler, aber seine Macht ist noch nicht gefestigt. Das Propagandaministerium organisiert deshalb einen Festakt in der Garnisonkirche – Symbol für die Macht früherer Könige und Kaiser. Hitler hält eine Antrittsrede und verbeugt sich anschließend vor dem (greisen) Reichspräsidenten Paul von Hindenburg. Die Geste soll der Öffentlichkeit suggerieren, dass der Reichspräsident mit der Machtergreifung Hitlers einverstanden ist.

1933–1945

Die Nazis richten 1933 im Alten Zuchthaus Brandenburg ein KZ ein, 1939–1940 wird daraus eine Tötungsanstalt für psychisch Kranke. 9972 Menschen sterben in den Gaskammern. In Brandenburg-Görden entsteht 1933 ein politisches Zuchthaus. 1940 wird eine zentrale Hinrichtungsstätte eingerichtet, 2743 Menschen werden hier ermordet.

1944–1945

Luftangriffe der Alliierten. Spandau und Brandenburg an der Havel werden stark zerstört. Generalfeldmarschall Keitel will Rathenow bis zum letzten Mann verteidigen und verwüstet damit 90 Prozent der Stadt.

14. April 1945

Nacht von Potsdam. Die Altstadt von Potsdam wird gezielt durch die englische Royal Air Force bombardiert. 1700 Tonnen Bomben töten 1593 Potsdamer und zerstören fast 1000 Gebäude in der Innenstadt. 60000 Menschen werden obdachlos.

17. Juli–2. August 1945

Die Potsdamer Konferenz der alliierten Siegermächte im Schloss Cecilienhof schreibt die Neuaufteilung Deutschlands in Besatzungszonen fest sowie die Oder-Neiße-Grenze. Damit verbunden ist ein 40 Kilometer breiter „deutschfreier Korridor" hinter der Grenze und die Vertreibung tausender Deutscher aus Ostpreußen, Pommern, Schlesien und den Sudeten.

1946

Das Havelland und Potsdam gehören zur sowjetisch besetzten Zone, Spandau, Gatow und Kladow dagegen zu Westberlin.

1948–1949

Die sowjetische Besatzungsmacht verhängt die Berlin-Blockade. Die Amerikaner eröffnen die Berliner Luftbrücke und versorgen die Westberliner Bevölkerung mit Flugzeugen. Die „Rosinenbomber" landen auch auf dem britischen Flugplatz Gatow. Auf der Havel und dem Großen Wannsee wassern Flugboote.

17. Juni 1953

Arbeiteraufstand in der DDR: In fast allen Städten kommt es zum Streik. In Rathenow lyncht die aufgebrachte Menge einen ehemaligen Polizisten auf grausame Weise.

1953–1960

Gründung der LPGs (Landwirtschaftliche Produktionsgenossenschaften).

13. August 1961

Mauerbau, auch zwischen Westberlin und dem Land Brandenburg. Die Havel wird geteilt, die Grenze führt bei Sacrow mitten hindurch.

1969

Einweihung der Regattastrecke am Beetzsee.

1989

Friedliche Revolution und Grenzöffnung. Für viele werden die Heilandskirche in Sacrow und die Glienicker Brücke zu Symbolen der neuen Freiheit. Die Glienicker Brücke war ein Ort des Agentenaustausches, in Sacrow verlief die Mauer mitten durch den Park hinter der Kirche.

3. Oktober 1990

Wiedervereinigung. Potsdam wird Landeshauptstadt des neu gegründeten Bundeslandes Brandenburg.

1990–1994

Privatisierung der Betriebe, Massenentlassungen in der Industrie. Viele Bauern gründen Agrargenossenschaften. Westberliner kaufen massenhaft Grundstücke, Höfe, Villen.

Blick auf das Potsdamer Stadtschloss im Jahr 1900

2002

Jahrhunderthochwasser. Die Deiche bei Strodehne werden gesprengt, um Teile der Elbflut ins Westhavelland abfließen zu lassen.

2005

An der Unteren Havelniederung startet das größte Flussrenaturierungsprojekt Europas, auf 90 Kilometern soll die Havel wieder ihrem natürlichen Lauf folgen. Ein Meilenstein zum Hochwasser- und Naturschutz.

2009

Einer der größten deutschen Onshore-Windparks wird mit 83 Windrädern bei Nauen errichtet.

2013

Sommerhochwasser. In Fischbeck an der Elbe kommt es zu einem dramatischen Deichdurchbruch. Die Polder an der Unteren Havelniederung müssen erneut geflutet werden. Wochenlang stehen die Wiesen unter Wasser.

2015

Die Havelregion ist Austragungsort der Bundesgartenschau. Beteiligt sind Brandenburg an der Havel, Premnitz, Rathenow, Stölln und die Hansestadt Havelberg.

2018–2024

Trotz Protesten und architekturhistorischer Debatten wird 2018 das Gebäude der Fachhochschule Potsdam am Alten Markt abgerissen. Der 1970er-Jahre-Bau passt nicht mehr zum rekonstruierten Alten Markt.
Hier entsteht anstelle der Hochschule ein Karree aus Wohnhäusern und Geschäften.

Besonders nachhaltig & regional

Paddeln im Havelland

Das Havelland ist Wasserland und wird auch der „Amazonas der Mark" genannt! Es gibt unzählige Möglichkeiten Seen und Flüssen aktiv zu entdecken und die wunderschöne Natur zu genießen. Die entschleunigte Fortbewegung mit Kanu, Kajak oder SUP ist nicht nur angesagt, sondern bietet ganz besondere Eindrücke. An zahlreichen Stellen gibt es Boote zu leihen. Ein besonderes Abenteuer sind Touren an der Unteren Havelniederung, zwischen Brandenburg und Havelberg, mit unzähligen Nebenarmen, kleinen Naturbadestellen und lauschigen Biwakplätzen. Hobbyangler können ihre Mahlzeiten selbst fangen.

Natur entdecken

Immer beliebter werden geführte Wanderungen in die Natur, ob bei einer Kräuterwanderung, einer Eseltour oder unter Führung eines Rangers. Wie wäre es mal mit Waldbaden oder gemeinsam zu den Sternen schauen, im Havelland ist vieles möglich.

www.dein-havelland.de/wanderzeit/natur-und-landschaftsfuehrer

Albertinenhof

Sophia Johannisson wuchs im Westhavelland auf, sie arbeitet seit 2020 beim NABU Westhavelland und hat mit ihrem Mann Bosse, einem Gärtner, den Albertinenhof gegründet. Neben der Gärtnerei „Johannisson's Gemüse" mit Hofladen vermietet das Paar Tiny Houses, aber auch Wohnwagen und bietet auf dem 4 ha großen Gelände Stellplätze für Zelte und Wohnwagen. Idealer Platz um in die Sterne zu schauen.

Rhinower Landstraße 193 | 14712 Rathenow | www.albertinenhof-havelland.de

via Tipp Bensdorfer Mühle

Die junge Familie Müller aus Brandenburg hat 2020 eine industrielle Großmühle gekauft und in kurzer Zeit ein kleines Paradies geschaffen. Beliebt sind das Sommercafé und der Streichelzoo. Der grüne Park bietet viel Platz zum Toben und Spielen. Anziehungspunkt ist der schöne Hofladen mit regionalen Produkten und Wohnaccessoires. Auch im Winter trifft man sich zu kreativen Events oder Workshops. Übernachten kann man in Ferienwohnungen.

www.bensdorfer-muehle.de

Mit gutem Gewissen …

… einkaufen:

SauberKunst

Auf der Altstadtinsel in Werder (Havel) gibt es diesen zauberhaften Laden mit 100% veganen Seifen und Pflegeprodukten, kleinen Kunstwerken für Körper und Seele. Die waschechte Brandenburgerin Annett Förster stellt die Seifen in ihrer Manufaktur in Groß Kreuz her. Inzwischen ist ihr Unternehmen gewachsen, allein 55 verschiedene Seifen findet man bei ihr.

Am Markt 1, 14542 Werder (Havel) | www.sauberkunst.de | Mo-Fr 10–18, Sa 10–16 Uhr

Glina Destillerie

Einst begonnen als Schultzes Obsthof, hat der Junior Michael Schultz den Master Destiller gemacht. Jetzt gibt es eigenen Whisky aus Glindow, dabei gilt: die Produkte sind vom eigenen Feld, bestes Quellwasser aus dem eigenen Brunnen ist gratis. Neben Whisky werden auch noch Obstweine, Brände und Liköre hergestellt.

Karl-Liebknecht-Str. 17 | 14542 Werder (Havel) OT Elisabethhöhe | www.glina-destillerie.de

… essen gehen:

Café Rosenberg

Angesagtes veganes Café und Konditorei in der Potsdamer Innenstadt, Frühstück bis 15 Uhr, am Wochenende Brunch, leckere Suppen, Bowls, Snacks, außergewöhnlich gute Torten und Kuchen. Oft sind auch Bagels und Bananenbrot im Angebot.

Dortustraße 15 | Potsdam | www.rosenberg-potsdam.de

Café im Auenhof

Schönes Ausflugsziel: gemütliches Hofgartencafé mit Genuss-Shop in einem historischen Dreiseitenhof. Das 200 Jahre altes Stallgebäude wurde liebevoll saniert. Im Hofladen gibt es Honig, Essig, Weine, Gewürze, im Café: Wraps, Hot-Dogs, Bio-Eis, Kaffee und Kuchen. Hühner, Enten und Schafe sind auch da.

Potsdamer Landstraße 11 | 14641 Wustermark OT Buchow-Karpzow | Sa/So 12–20 Uhr

… übernachten:

Landgut Stober

Bio-Zertifizierung, mehrfach ausgezeichnet als das grünste Hotel Europas, liegt ganz ruhig an einem See. Überwiegend mit natürlichen Materialien im modernen Loftstyle gestaltet. Die Liebe zur Natur und der Respekt am Tierwohl zeigen sich auch in die Küche wo Qualität und Regionalität im Vordergrund stehen.

Behnitzer Dorfstraße 27–31 | 14641 Nauen OT Groß Behnitz | www.landgut-stober.de | €€€

Obstbau Bittner

Familie Bittner baut ökologisch Wildfrüchte und Superfruits an und verarbeitet sie zu Tees, Marmeladen, Likören, u. a. Aronia- oder Gojibeeren, Steinbirne oder Holunder.

Bienenfarmer Weg 19 | 14641 Paulinenaue | www.obstbau-bittner.de

Was ist los im Havelland?

Feste und Veranstaltungen

Brandenburg an der Havel

Mai–Juli

Theaterfestival Brandenburger Klostersommer

Schauspiel, Oper, Operette an mehreren Spielstätten.

www.stadt-brandenburg.de/veranstaltungen-termine

Juni

Havelfest

Drei Tage mit mehreren Bühnen, tolle Konzerte und Jahrmarkt rund um die Jahrtausendbrücke.

www.havelfest.info

Ende Juli

Plauer Fischerjakobi

Einmal im Jahr feiert man mit den Fischern des Havellandes. Großer Festumzug, Bootskorso und viel Musik.

www.plauehavel.de

September

Regionalmarkt Brandenburg

Mehr als 80 Produzenten, Manufakturen und landwirtschaftliche Erzeuger aus ganz Brandenburg laden zwei Tage zum Marktgeschehen ins Paulikloster.

www.landesmuseum-brandenburg.de

Caputh

August

Caputher Fährfest

Am Gemünde auf der Caputher und Geltower Seite mit der beliebten Wasserski-Show.

www.schwielowsee-tourismus.de

Gülpe

August

WestHavelländer AstroTreff

Drei Tage lang zu den Sternen schauen, mit Führungen, Vorträgen und Teleskopvorstellungen.

www.sternenpark-westhavelland.de

Ketzin

August

Ketziner Fischerfest

Wochenende mit Festumzug (So), Höhenfeuerwerk (Sa), Kutterrudern sowie viel Tanz und Musik.

www.ketziner-fischerfest.de

Paaren-Glien

Mai

Brandenburgische Landausstellung

Über vier Tage geht die beliebte Fach- und Publikumsmesse rund um die Landwirtschaft. Im Erlebnispark Paaren ist auch sonst immer was los.

www.erlebnispark-paaren.de

Petzow

September

Sanddorn- Erntefest

Ein Tag mit Markttreiben, Kulinarik und Musik im Sanddorngarten.

www.sanddorn-garten-petzow.de

Potsdam

Ende April

Tulpenfest

Zwei Tage zeigen die Niederländer Kultur, Handwerk und Handel im Holländischen Viertel.

www.potsdam-tulpenfest.de

Juni

Musikfestspiele Potsdam Sanssouci

Dreiwöchiges, historisches Musik-

und Tanzfestival mit über 80 Veranstaltungen.
www.musikfestspiele-potsdam.de

Mitte August
Potsdamer Schlössernacht
Zwei Tage Verzauberung in Sanssouci, feierlich in Szene gesetzt mit Musik, Varieté, Theater und Tanz, Licht- sowie Klanginstallationen.
www.potsdamer-schloessernacht.de

Premnitz

Ende August
Uferfest
Drei Tage Volksfest mit Rummel, Tanz und Konzert.
www.westhavelland.de

Rathenow

Anfang September
Stadtfest
Ein Wochenende mit Festumzug, Konzerten auf mehreren Bühnen, Flohmarkt, Feuerwerk.
www.rathenow.de

Ribbeck

September
Ribbecker Birnenfest
Buntes Treiben rund um die Birne mit Theater, Musik, Tanz, Leckereien.
www.schlossribbeck.de

Spandau

Juni–August
Citadel Music Festival
Rund 25 Open-Air-Konzerte mit hochkarätigen Musikern aus Rock, Blues, Jazz, Folk, Punk.
www.citadel-music-festival.de

November/Dezember
Weihnachtsmarkt Spandau
Romantischer Weihnachtsmarkt in der Spandauer Altstadt.
www.partner-fuer-spandau.de

Werder

Ende April

Baumblütenfest
Das Baumblütenfest in Werder ist legendär. Eine Woche wird in den Obstplantagen und auf der Altstadtinsel gefeiert. Im Mittelpunkt stehen die Werderaner Obstweine. Inzwischen ist es aber ruhiger als früher, kein großer Rummel und Klamauk mehr, sondern eher ein schönes Familienfest. Buntes Markttreiben, tolle Konzerte auf mehreren Bühnen, aber natürlich auch die Weine probieren. Besonders schön ist das Schlendern über die Kirschblütenallee auf dem Hohen Weg. Dort sitzt man in den Stadtgärten mit Blick über die Havel unter blühenden Bäumen, macht gemütlich Picknick und genießt die neusten Obstweine der Region.
www.baumbluetenfest.de

Region

Februar – Dezember
Havelländische Musikfestspiele
Wundervolle Konzerte an 26 exklusiven Spielorten im gesamten Havelland und Potsdam: in Schlössern, Gärten, Kirchen, sogar im Funkamt Nauen.
www.havellaendische-musikfestspiele.de

Orte & Landschaften

Das Havelland ist vom Wasser geprägt. Die touristischen Zentren wie Potsdam, Brandenburg oder Werder liegen ganz romantisch direkt an der Havel. Im Westhavelland ist es ruhiger, der Fluss schlängelt sich durch eine idyllische, weite Landschaft mit saftigen Auen, Wiesen und stillen Wäldern.

▼ *Havelromantik pur: Blick auf die Altstadtinsel von Werder*

Potsdam

Potsdam – die barocke Perle

Friedrich der Große schuf sich hier sein Paradies auf Erden. Die prächtigen Schlösser und Gärten, die malerische Lage am Wasser und das pulsierende Stadtleben machen die Stadt zu einer Perle an der Havel.

Spannende Entdeckungen bieten zahlreiche Museen wie das *Museum Barberini,* das *Minsk* oder das *Filmmuseum,* Beschaulichkeit das Holländische Viertel mit seinen roten Giebelhäuschen und den vielen kleinen Läden. Potsdam lässt sich zu Fuß, mit dem Rad oder per Schiff entdecken – besonders schön ist eine Bootstour auf der Havel, am Stadtschloss vorbei, unter der Glienicker Brücke hindurch bis zum Neuen Garten mit dem Schloss Cecilienhof.

Das Beste in Potsdam

- ★ **Schloss Sanssouci:** UNESCO-Welterbe mit dem Park Sanssouci (▶ Seite 46)
- ★ **Holländisches Viertel:** Holland in Klein: Giebelhäuschen, süße Cafés und Läden. (▶ Seite 44)
- ★ **Park Babelsberg:** Weitläufiger Landschaftspark am Havelufer(▶ Seite 59)
- ★ **Museum Barberini:** Kunstmuseum mit wechselnden Ausstellungen (▶Seite 39)

Erste Orientierung

Vom Hauptbahnhof in Potsdam ist es nur ein Katzensprung zum neu gestalteten historischen Zentrum am Alten Markt mit dem wieder aufgebauten Stadtschloss, der Nikolaikirche und dem *Museum Barberini.*

Nördlich davon gelangt man zur Shoppingmeile an der Brandenburger Straße und ins Holländische Viertel. Hier findet man liebevoll gestaltete kleine Läden, hübsche Cafés, Galerien und gemütliche Restaurants.

Nordwestlich davon liegt Sanssouci. Ein Spaziergang durch den schönen Park mit einem Besuch der Schlösser ist ein Muss. Richtung Nordosten, vorbei an der Kolonie Alexandrowka, geht es weiter zum Neuen Garten mit dem Schloss Cecilienhof und dem Marmorpalais am Heiligen See. Nicht weit davon steht die Glienicker Brücke, sie führt von Potsdam weiter in Richtung Babelsberg oder Berlin.

Potsdam schreibt Geschichte

Potsdam kann auf eine spannende Geschichte von mehr als tausend Jahren zurückblicken, als Residenz- und Garnisonsstadt der preußischen Könige, Bezirkshauptstadt hinter der Mauer oder moderne Medienmetropole. Im Jahr 993 wird Potsdam erstmals als „Poztupimi" in der Provinz „Hevellon" erwähnt. Das einstige Fischerdorf bleibt lange Zeit ein unbedeutender Ort.

◀ Die 128 Meter lange Glienicker Brücke überspannt die Havel zwischen Potsdam und Berlin. Im Kalten Krieg wurden hier mehrfach Agenten ausgetauscht

Potsdam

Erste urkundliche Erwähnung: 3. Juli 993
Verwaltung: Hauptstadt und größte Stadt des Landes Brandenburg
Einwohner: 186 606 (30.06.2023)
PLZ: 14467–14482
Vorwahlen: 03 31, 03 32 08, 03 32 01
Fläche: 188,61 km²
Geografische Lage: Südwestlich von Berlin, Trennung nur durch die Havel
Wirtschaft: Landesverwaltung, Tourismus, Einzelhandel, Wissenschafts- und Universitätsstandort, Rundfunk Berlin Brandenburg (RBB) sowie Medien- und Filmunternehmen

Erst 1345 wird „Potstamp" das Stadtrecht verliehen. Bedeutung erlangte es noch später durch Friedrich Wilhelm, den Großen Kurfürsten, der 1640 die Regierungsgeschäfte übernimmt. Nach dem Dreißigjährigen Krieg sind von 168 Häusern nur noch 49 bewohnt. Dort gibt es, anders als in Berlin, keine aufmüpfigen Bürger, jedoch herrliche Jagdgründe. 1660 entscheidet sich Friedrich Wilhelm (1620–1688) für Potsdam als Residenzstadt. Mit seiner Ehefrau Luise Henriette von Oranien zieht auch ein starker holländischer Einfluss in Brandenburg ein. Landwirte, Baumeister und Handwerker aus den Niederlanden siedeln sich hier an.

1685 bietet der Kurfürst mit dem „Edikt von Potsdam" auch den in Frankreich verfolgten Protestanten „freie und sichere Niederlassung" an. Rund 20 000 Hugenotten kommen nach Preußen, die Vorfahren beispielsweise des Schriftstellers Theodor Fontane oder des früheren Innenministers Thomas de Maizière.

Friedrich Wilhelm I. (1688–1740) übernimmt 1713 die Geschäfte und geht als Soldatenkönig in die Geschichte ein. Er macht Potsdam zur Garnisonsstadt. Die Stadt wird erweitert, Sichtachsen in Schachbrettform angelegt und drei neue Kirchen gebaut, darunter die Garnisonkirche. Der König hatte eine Schwäche für große Soldaten, die „Langen Kerls". Sie mussten mindestens 1,88 Meter messen. Überall, sogar im Ausland, ließ er Männer für seine Riesengarde suchen. Manch einer kam nicht freiwillig, andere waren ein Geschenk fremder Herrscher. Der König galt als sparsam, wenig gebildet, arbeitseifrig und äußerst streng.

Unter dem kriegerischen Despoten leidet auch sein Sohn Friedrich II., später Friedrich der Große oder „Alter Fritz" genannt. Friedrich ist ein Aufklärer und Schöngeist, er spielt Flöte, sammelt heimlich Literatur und komponiert Opern. Der strenge Vater züchtigt ihn häufig auch körperlich, unter anderem deshalb versucht er als Siebzehnjähriger ins freie Frankreich zu fliehen. Doch sein Plan wird verraten. Sein Verbündeter und enger Freund Leutnant Hans Hermann von Katte wird nach dem Willen des Vaters auf der Festung Küstrin enthauptet. Der Vater zwingt Friedrich mit Gewalt, dabei zuzusehen. Dieser Vorfall geht als „Katte-Affäre" in die Geschichte ein, das Richtschwert ist heute im Stadtmuseum Brandenburg zu sehen, das Grab Kattes befindet sich in Wust bei Brandenburg. Der König plant sogar, den eigenen Sohn hinrichten zu lassen. Doch dazu kommt es nicht.

Zum Glück, denn vieles, was uns heute erfreut, geht auf Friedrich zurück: Park und Schloss Sanssouci, das Neue Palais oder die Französische Kirche. Mehr als einhundert Gebäude hat Potsdam dem Alten Fritz zu verdanken. Als Napoleon 1806 die Stadt besetzt, besucht er auch Friedrichs damals noch in der Garnisonkirche befindliches Grab. Dort soll er gesagt haben: „Wenn er noch gelebt hätte, wäre ich nicht hier." 1918, nach dem Ende des Ersten Weltkriegs, endet die Herrschaft der Hohenzollern in Potsdam.

Streit um die Garnisonkirche

Der 21. März 1933 ging als „Tag von Potsdam" in die Geschichte ein. Am 5. März 1933 war Hitler zum Reichskanzler gewählt worden, aber seine Macht als Diktator war noch nicht gefestigt. Das Propagandaministerium organisierte deshalb einen Festakt in der Garnisonkirche – Symbol für die Macht und Militärstärke früherer Könige und Kaiser. Hitler hielt eine Antrittsrede und verbeugte sich anschließend vor dem damaligen Reichspräsidenten von Hindenburg. Die Geste sollte der Öffentlichkeit Einverständnis zwischen Hitler und Hindenburg signalisieren, was real nicht bestand. Für das Volk aber wurde dies zu einem wichtigen Signal – Hindenburg schien Hitlers Politik zu akzeptieren. So ist die Machtergreifung der Nazis symbolisch mit der Garnisonkirche verbunden. Seitdem haftet dem barocken Bauwerk ein bitterer Beigeschmack an.

Im Zweiten Weltkrieg wurde Potsdams Innenstadt stark zerstört, auch die Garnisonkirche wurde getroffen. In der DDR-Zeit riss man das beschädigte Stadtschloss und die Garnisonkirche ab. Nur wenige Monate nach der Wiedervereinigung beschloss

Am Platz vor dem Nauener Tor findet man gemütliche Restaurants und Cafés

man, Teile der historischen Altstadt wieder aufzubauen. Mit der Garnisonkirche ist das schwierig. Nicht nur wegen ihrer problematischen Geschichte, sondern auch, weil dort inzwischen das Rechenzentrum stand, wo 200 Künstler preiswerte Arbeitsräume fanden. Auch die Mosaikfassade der DDR Moderne stand schon unter Denkmalschutz. Potsdam ist in dieser Frage zweigeteilt, und man fragt sich: Wem gehört die Stadt?

Nach der Wende sind etliche Prominente in die Berliner „Villen"-Vorstadt gezogen: Moderator Johannes B. Kerner, Softwareunternehmer Hasso Plattner oder Modezar Wolfgang Joop, der in Potsdam aufwuchs und inzwischen wieder in seinem Elternhaus in Bornstedt lebt. Einige von ihnen betätigen sich als Mezäne und unterstützen den Wiederaufbau.

Industrie hat Potsdam kaum, vor allem ist es eine intellektuelle Stadt. An der Universität, der Fachhochschule und der Filmuniversität Babelsberg gibt insgesamt rund 27 000 Studenten. Gut 17 000 Pendler kommen täglich von Berlin. Auf dem Telegrafenberg und in Potsdam-Golm arbeiten mehrere tausend Wissenschaftler in Bereichen der Klima- und Polarforschung, der Biotechnologie oder der Gravitationsphysik.

Das Museum Barberini beherbergt hochkarätige Kunstausstellungen

Potsdams barocke Innenstadt

Am Alten Markt

Der Alte Markt wurde im Zweiten Weltkrieg stark zerstört und nach der Wende fast identisch wieder aufgebaut. Heute ist er das Herzstück der historischen Mitte.

Dazu gehören das Stadtschloss, die Nikolaikirche, das Alte Rathaus mit dem Potsdam Museum sowie das Palais Barberini. In der Mitte des Platzes steht der von Knobelsdorff entworfene Obelisk.

Stadtschloss

Das Stadtschloss beherbergt heute den Potsdamer Landtag. Es handelt sich äußerlich um eine originalgetreue Kopie des Königlichen Schlosses, wie es unter Friedrich II. von dem Architekten Georg Wenzeslaus von Knobelsdorff 1744–1751 umgebaut wurde. Schon im 13. Jahrhundert gab es hier eine Burg. 1669 verlieh der Große Kurfürst dem Bauwerk den späteren Grundriss mit zwei Seitenflügeln. Den zum Alten Markt geöffneten Hof schloss man 1701 durch das Fortunaportal. Dieses Portal wurde mittlerweile von Günther Jauch finanziert originalgetreu nachgebaut.

Friedrich II. wollte ein äußerlich eher schlichtes Schloss. Dafür war die Innenausstattung umso prunkvoller, vor allem der Marmorsaal nach Andreas Schlüter. Er gilt als eines der wichtigsten Werke des friderizianischen Rokoko. Das Schloss wurde 1945 durch Bombenangriffe stark zerstört und 1960 vom SED-Regime gesprengt. Zu DDR-Zeiten plante man dort einen Theaterneubau. Der Rohbau, noch nach der Wiedervereinigung errichtet, hatte bereits siebzehn Millionen Mark gekostet, als er 1991 wieder abgerissen wurde. Der Schlossneubau eröffnete 2014. Der Mäzen Hasso Plattner spendete dafür 20 Millionen Euro, der Bau kostete insgesamt circa 150 Millionen Euro. Der verwendete rote Sandstein stammt aus dem Elbsandsteingebirge, außerdem wurden mehr als dreihundert original erhaltene Bauelemente eingearbeitet. Innen ist das Haus, bis auf das Treppenhaus nach Knobelsdorff, sehr modern. Es gibt mehrere Sitzungssäle, in den Plenarsaal passen 150 Abgeordnete.

Besucherservice im Foyer

Nach Anmeldung sind einstündige Besucherführungen im Regelbetrieb möglich, auch Teilnahme bei Plenar- und Ausschusssitzungen. Auch selbstständige Erkundungen sind mit Audioguide (16 Stationen) möglich.

Alter Markt 1 | 14467 Potsdam | www.landtag.brandenburg.de

★ Museum Barberini (via Tipp)

1750 suchte Friedrich II. ein Vorbild für einen prächtigen Platz in der Mitte Potsdams. Er bewunderte die italienische Architektur, obwohl er selbst nie in Italien war, und ihn beeindruckten die Gemälde von Canaletto. Dieser wählte für seine Bilder einen realen Ort und schmückte ihn mit Gebäuden, die ganz woanders standen, oder seiner Phantasie entstammten. Diese Idee übernahm der Preußenkönig. Fassade muss sein, dahinter ist egal, meinte Friedrich II. Das heißt, dass es die Gebäude, wie wir sie heute sehen, bei ihm so gar nicht gegeben hat.

Zum Beispiel das Palais Barberini:

1771/72 ließ es Friedrich der Große als herrschaftliches Bürgerhaus erbauen. Vorbild war der *Palazzo Barberini* in Rom. Aber nur die Fassade war schick, dahinter stand ein einfaches Fachwerkhaus. Erst 1847–1851 erfolgte unter Wilhelm IV. der Umbau mit zwei Seitenflügeln, ähnlich dem heutigen Bau. Im Zweiten Weltkrieg wurde das Gebäude komplett zerstört, seit 2013 aber fast originalgetreu mit Mitteln des Mäzens und Kunstsammlers Hasso Plattner wieder aufgebaut. 2017 eröffnete das überaus schöne und interessante Museum Barberini mit wechselnden Ausstellungen zum Impressionismus, zur Moderne und zur DDR-Kunst.

Alter Markt | Humboldtstraße 5–6 | www.museum-barberini.com | Mo 10–19, Mi-So 9–19 Uhr, Di geschlossen | kostenfreie Audioguides für Erwachsene und Kinder

Nikolaikirche

Während für den Vorgängerbau der Nikolaikirche die Fassade der Kirche Santa Maria Maggiore in Rom Pate stand, orientierte sich Karl Friedrich Schinkel in seinen Entwürfen von 1830 am Pariser Pantheon und der Londoner St.-Pauls-Kathedrale. Die Kuppel ist von 1850. Die Bauleitung oblag Ludwig Persius, später August

Uferpromenade nahe des Alten Marktes

Stüler. 1945 wurde das Gebäude von Bomben schwer getroffen, in der DDR-Zeit aber saniert und 1981 als evangelische Kirche wieder geweiht. Das Gotteshaus ist täglich für Besucher geöffnet.

Am Alten Markt | www.nikolaipotsdam.de

Altes Rathaus

Das heutige Alte Rathaus ist bereits das vierte. Friedrich II. wollte anstelle eines Fachwerkbaus ein repräsentatives Gebäude für seinen neuen Platz haben. Vorbild war der Palazzo Angarano in Vicenza. Die Baumeister Johann Boumann und Christian Ludwig Hildebrandt orientierten sich außerdem an Vorbildern in Rom und Amsterdam, wo ebenfalls ein vergoldeter Atlas die Kuppel des Rathauses ziert. Der in Potsdam hat alle Luftangriffe überlebt. Südlich schließt sich das Lehmannsche Haus an, 1750 nach Plänen von Georg Wenzeslaus von Knobelsdorff errichtet. Beide Bauwerke wurden 1960 durch einen Gang verbunden und werden heute als Museen genutzt. *Das Potsdam Museum sowie das Forum für Kunst und Geschichte.*

Am Alten Markt 9 |
www.potsdam-museum.de |
Di–So 12–18 Uhr, Mo geschlossen

Freundschaftsinsel und Umgebung

Gegenüber dem Palais Barberini liegt die Freundschaftsinsel umgeben von der Havel. Sie ist eine wunderschön gestaltete grüne Oase mit dem Karl-Foerster-Garten, Ausstellungspavillon und dem Sommercafé. Von der Langen Brücke führen zwei barrierefreie Wege auf die Insel.

www.freundschaftsinsel-potsdam.de

Südlich der Insel liegt der Potsdamer Hafen, wo die Dampfer der *Weißen Flotte* ablegen. Dort steht auch das *Hotel Mercure,* ein ehemaliges Interhotel der DDR, 60 Meter hoch mit 17 Etagen, sehr beliebt bei den Gästen wegen der tollen Aussicht, dahinter lädt der neue Lustgarten mit interessanter Kunst ein.

Neuer Markt und Umgebung

Etwas versteckt ist der Neue Markt, um den sich ein stimmungsvolles Ensemble aus Barockgebäuden gruppiert. Im Zentrum des Platzes steht die alte Ratswaage, die heute ein Restaurant beherbergt. Sie wird von barocken Bürgerhäusern aus dem 18. und 19. Jahrhundert gesäumt. Markantestes Gebäude ist der Kutschstall mit seiner fein gegliederten Fassade, in dem sich das Haus der Brandenburgisch-Preußischen Geschichte befindet. In der Nähe liegen das Film- und das Naturkundemuseum.

Haus der Brandenburgischen und Preußischen Geschichte

Ein Ort für Veranstaltungen und Ausstellungen, bei denen sich alles um das Land Brandenburg und seine Geschichte dreht. Als königlicher Kutschstall 1787–1790 nach Entwürfen des Hofbaumeisters Andreas Ludwig Krüger errichtet, gehörte der Bau zum Potsdamer Stadtschloss. Noch bis 1918 waren hier Pferde untergebracht.

Am Neuen Markt 9 |
www.gesellschaft-kultur-geschichte.de |
Di–So 11–18, Do bis 20 Uhr

Der Marstall beherbergt heute statt Reitpferden das Filmmuseum Potsdam

Marstall – Filmmuseum Potsdam

Das Barockgebäude wurde 1746 von Georg Wenzeslaus von Knobelsdorff erweitert und verschönert. Hier waren die Reitpferde des Königs untergebracht. Seit 1981 schon Filmmuseum mit einem netten Café. Eine ständige Ausstellung informiert über 100 Jahre Filmgeschichte Babelsbergs, es gibt wechselnde Sonderausstellungen und täglich Filmvorführungen.

Breite Straße 1a | Di–So 10–18 Uhr | www.filmmuseum-potsdam.de

Naturkundemuseum Potsdam

Anschauliches Museum im ehemaligen Ständehaus der Zauche. Das Museum zeigt auf vier Etagen die Tierwelt Brandenburgs, 40 regionale Fischarten in einem großen Kaltwasseraquarium und die biologische Vielfalt im UNESCO-Weltkulturerbe.

Breite Straße 13 | Di–So 9–17 Uhr | www.naturkundemuseum-potsdam.de

Zwischen Brandenburger Tor und Holländischem Viertel

In der Altstadt schlägt das Herz der Potsdamer, hier gibt es entzückende kleine Läden, Cafés und Restaurants. Begrenzt wird das Viertel im Norden durch das Nauener Tor, im Westen durch das Brandenburger Tor und im Osten durch die Kirche St. Peter und Paul.

Um 1700 waren große Teile des Gebietes noch Sumpfland. 1722 begann Friedrich Wilhelm I. mit der Trockenlegung. Soldaten sollten in Potsdam wohnen, Kolonisten als Handwerker und Baumeister gewonnen werden. Schon zehn Jahre später wurde die Stadt um einundzwanzig neue Karrees erweitert, auch um das Holländische Viertel. Unter dem Soldatenkönig stieg die Einwohnerzahl von 1 500 auf 11 708. Der Sohn Friedrich II. ließ später ganze Straßenzüge abreißen und neu bauen. Nach der Wende wurden die meisten Altstadthäuser saniert.

Luisenplatz und Brandenburger Tor

Der Luisenplatz ist heute ein beliebter Treffpunkt, ob man zu einem Einkaufsbummel in die Brandenburger Straße oder in den Park Sanssouci aufbricht.

Anfang des 18. Jahrhunderts befand sich hier ein Holzsammelplatz, direkt an der Stadtmauer. 1770/71 gab Friedrich II. den Auftrag für ein Stadttor, das Brandenburger Tor, benannt nach der Straße, die Richtung Brandenburg an der Havel führt. Weil 1793 Prinzessin Luise von Mecklenburg-Strelitz hier empfangen wurde, die spätere Königin Luise, benannte man später den Platz nach ihr. Der Gartenkünstler Peter Joseph Lenné schmückte den Luisenplatz später mit einer Fontäne und Blumenrabatten.

Brandenburger Straße

Rund 800 Meter misst die Brandenburger Straße vom Brandenburger Tor bis zur Kirche St. Peter und Paul, die Einkaufsmeile Potsdams, eine Fußgängerzone, die auch liebevoll „Boulevard" genannt wird. Im 18. Jahrhundert quartierte dort der Soldatenkönig Friedrich Wilhelm I. Rekruten der preußischen Armee ein, je nach Größe der Häuser mussten die Familien vier bis sechs Soldaten aufnehmen. Heute reihen sich hier Geschäfte, Cafés und Restaurants aneinander. Direkt am „Boulevard" haben sich eher die größeren Ketten eingemietet, in den Seitenstraßen findet man auch viele individuelle, kleinere Läden.

Auch Potsdam hat eines: das Brandenburger Tor am Luisenplatz

Warenhaus Potsdam

Auffallend in der Brandenburger Straße ist das große Galeria-Kaufhaus. Der Bau wurde 1905 als *Kaufhaus F. Schwarz* mit einer Jugendstilfassade errichtet, welche später von den Nazis zurückgebaut wurde, weil sie als „entartete Kunst" galt. Mehrmals wechselten die Besitzer, bis es 1929 zu einer Fusion von *Lindemann* und *Karstadt* kam. Seit 1931 hieß es dann *Karstadt*-Kaufhaus. In der DDR war es ein *Konsument*-Warenhaus und von 1995 bis 2003 stand es leer. 2005 erfolgte die Wiedereröffnung als *Karstadt*-Filiale, heute fusioniert mit Kaufhof als Galeria Potsdam Stadtpalais.

St. Peter und Paul

Die große Kirche begrenzt die Einkaufsmeile Brandenburger Straße im Osten. Der gelbe Backsteinbau wurde zwischen 1867 und 1870 errichtet. Architekt war der Schinkel-Schüler Wilhelm Salzenberg. Die Kirche schmücken sehr schöne Wandgemälde von Antoine Pesne (1683–1757). St. Peter und Paul ist eine der wenigen aktiven katholischen Kirchen in Ostdeutschland.

Am Bassin 2 | www.peter-paul-kirche.de

Französische Kirche

Die schlichte, ovale Französische Kirche am östlichen Rand des Bassinplatzes ist die älteste Kirche Potsdams. Sie wurde für die französische Gemeinde 1751 von Friedrich II. in Auftrag gegeben. Als Baumeister wirkten sowohl Georg von Knobelsdorff als auch Karl Friedrich Schinkel. Heute gehört das Gotteshaus zur Französisch-Reformierten Gemeinde.

Gutenbergstraße 77 | www.reformiert-potsdam.de

★ Holländisches Viertel

Mitten in Potsdam sieht es aus wie in Holland – kleine Gässchen mit hübschen Giebelhäusern, wo Läden, Galerien und Cafés zum Bummeln und

Buntes Stadtleben zwischen hübschen Backsteinfassaden im Holländischen Viertel

Verweilen einladen.
Das Holländische Viertel ist das größte geschlossene holländische Bauensemble außerhalb der Niederlande mit 134 Häusern in 4 Karrees. Architekt im Auftrag Friedrich Wilhelms I. war Jan Bouman. Der König selbst fuhr 1732 nach Amsterdam, um Handwerker für sein Neubauvorhaben zu werben. Sie erhielten Religionsfreiheit und sogar möblierte Häuser als Geschenk.

Heute sind in das Viertel mit den typischen roten Klinkerbauten und den weißen Fensterrahmen Galerien, Cafés und Kunsthandwerker eingezogen. Man kann hier schön schlendern, findet etliche individuelle Läden. Tolle Geschenke gibt es zum Beispiel bei *Tante Paula* (Benkertstraße 11) oder bei *Schönes mit Sinn* (Mittelstraße 21).

Jan Bouman Haus

Im *Jan Bouman Haus* wird die Geschichte des Holländischen Viertels lebendig. Das Haus ist mit einigen Möbeln aus der Zeit um 1735 ausgestattet und vermittelt einen Eindruck vom Leben seiner ersten Bewohner.

Mittelstraße 8 |
www.jan-bouman-haus.de |
Mo–Fr 13–18, Sa/So/Fei 11–18 Uhr

Südlich des Hauptbahnhofs

Das MINSK – Kunsthaus in Potsdam

Das moderne Minsk schaut „nach vorn, nach hinten und zur Seite", jedenfalls was die Kunststile betrifft. Das Haus selbst wurde in den 1970er-Jahren als Terrassenrestaurant im modernistischen Stil der DDR gebaut. Für viele Potsdamer ein Ort schöner Erinnerungen. Als das Gebäude nach der Wende verfiel, wollten viele dessen Abriss verhindern. Wieder sprang der Mäzen Hasso Plattner in die Bresche, kaufte das Anwesen und ließ es sanieren. Im September 2022 eröffnete das MINSK wieder, nun als Kunstmuseum mit viel DDR-Kunst, aber auch Werken der internationalen Moderne. Das schöne Café *Hedwig* mit Terrasse steht allen frei, auch ohne Museumsbesuch.

Max-Planck-Str. 17 | www.dasminsk.de |
tgl. außer Di 10–19 Uhr

Wissenschaftspark Telegrafenberg und Einsteinturm

Für Architekturfreunde ein Muss ist der Besuch des Einsteinturms auf dem Telegrafenberg. 1922 vom Architekten Erich Mendelsohn im expressionistischen Stil entworfen, ist er mit seiner runden, organischen Formgebung damals wie heute ein revolutionäres Bauwerk. Das Turmteleskop wird noch vom Leibniz-Institut für Astrophysik Potsdam (AIP) betrieben. Mit dem Doppelspektrografen und zwei lichtelektrischen Polarisationsanalysatoren werden die Magnetfelder auf der Sonne gemessen. Der Turm wurde 2023 saniert und kann jederzeit von außen besichtigt werden. Der Urania-Verein „Wilhelm Foerster e. V." bietet auch Innenbesichtigung an, sie finden nur im Winter einmal im Monat statt.

Neu ist die digitale Ausstellung „Einsteinturm revisited" unter www.einsteinturm.com.

Telegrafenberg, Albert-Einstein-Str. 1 |
Innenbesichtigung Okt.–März mit Führung einmal im Monat möglich,
Anmeldung unter Tel. (03 31) 29 17 41 |
www.aip.de/en/einsteinturm

★ Sanssouci

Wer das erste Mal nach Sanssouci kommt, wird überwältigt sein von der Größe und dem Prunk der Park- und Schlossanlage.

Das „preußische Versailles" ist ein dreihundert Hektar großes Ensemble mit Schlössern, Grotten, Springbrunnen und Skulpturen. Hier lebten die preußischen Könige ihre oft glamourösen Vorstellungen von Architektur und Gartenkunst aus. Das gesamte Areal ist UNESCO-Weltkulturerbe und wird von der *Stiftung Preußische Schlösser und Gärten* verwaltet.

Park Sanssouci

Die riesige Gartenanlage mit mehreren Schlössern ist ein landschaftsarchitektonisches und gärtnerisches Meisterwerk. Bereits 1715 unter Friedrich Wilhelm I. arbeiteten 14 Gärtner hier in einem Küchengarten. Erster Hofgärtner war Johann Samuel Sello (1724–1787). Friedrich II. plante Größeres, er ließ Terrassen aufschütten, wo Wein, aber auch Gemüse wuchs. Es gab ein Bananen-, Ananas- und Feigenhaus sowie einen Kirschgarten. Unterhalb der Terrassen wurde ein Lust- und Küchengarten mit geometrischen Formen angelegt. Gärtner im Terrassenrevier war 1744 Philipp Friedrich Krutisch (1713–1773), danach folgte Friedrich Zacharias Salzmann (1731–1801). Zwischen den Hofgärtnern gab es regelmäßig Streit, auch in späteren Generationen. Die Gestaltung und Veränderung eines Gartens war immer mehr als bloßes Handwerk. Potsdam hat mehrere Gärtnerdynastien hervorgebracht, viele von ihnen ruhen auf dem Bornstedter Friedhof. Später wurde eine große Sichtachse zum Neuen Palais angelegt, dabei dachte der König eindeutig an Versailles. Friedrich II. war hin- und hergerissen zwischen Prunksucht, verbunden mit öffentlicher Anerkennung, und dem Rückzug ins Private. Seine üppigen Barock- und Rokokogärten waren durch die vielen Blumen, Früchte und Nutzpflanzen sehr anspruchsvoll, aber auch überaus prächtig.

Peter Joseph Lenné (1789–1866) begann im Jahre 1818 den ursprünglichen Park vor allem nach Süden und Osten zu erweitern. Typisch für seine Gartenarchitektur sind Parks in großer Ausdehnung, viele Bäume, schlichte Rasenflächen, ein pflegeleichter Park mit zahlreichen Sichtachsen zum Flanieren. Lenné war zunächst Hofgärtner, später Gartendirektor, vor allem unter Friedrich Wilhelm IV. Heute pflegen rund 60 Gärtner den Park Sanssouci. Zweimal im Jahr werden die Beete in der gesamten Anlage neu bepflanzt. Im Sommer sind es circa 230 000 Blumen allein am Fuße des Schlosses.

Spaziergang durch den Park Sanssouci

Ein schöner Weg in den Park führt vom Luisenplatz durch den Eingang am „Grünen Gitter". Gleich rechter Hand steht die **Friedenskirche,** ein Entwurf von Ludwig Persius im Auftrag Friedrich Wilhelms IV., innen ausgestattet mit einem prächtigen Mosaik. Rechts liegen die **Neptungrotte** und die **Bildergalerie.** Weiter auf der Allee kommt man an das **Französische Rondell** mit der **Großen Fontäne** unterhalb des **Schlosses Sanssouci.** Die Fontäne hat zu Friedrichs Zeiten leider nur einmal gesprudelt.

Potsdams schönstes Schmuckstück: Schloss Sanssouci

1841 ließ Friedrich Wilhelm IV. für die Wasserversorgung ein Pumphaus mit dem Aussehen einer Moschee errichten, zu sehen in der Neustädter Havelbucht. Dort befindet sich noch immer die Zweihundert-Kilowatt-Pumpe. Sie wird täglich manuell in Betrieb gesetzt und pumpt 500 Kubikmeter Havelwasser auf den Ruinenberg. Von dort geht es per Eigendruck den Berg wieder hinunter in den Park. Der „Fontänendienst" dreht dann alle Wasserspiele und Fontänen per Hand auf.

Folgt man der Hauptallee, geht es nördlich zu den **Neuen Kammern,** dahinter befinden sich die **Windmühle** und das **Orangerieschloss.** Südlich liegen das **Chinesische Haus,** die **Römischen Bäder** und das **Schloss Charlottenhof.** Nach circa zwei Kilometern erreicht man das **Neue Palais** mit den **Communs** dahinter. Sie gehören heute zur Universität Potsdam.

Der Eintritt in den umzäunten Park ist frei. Fahrrad fahren ist im Hauptpark nur auf dem Ökonomieweg und auf der Verlängerung zum „Grünen Gitter" erlaubt, parallel zur Hauptallee. Ansonsten herrscht striktes Radfahr- und -schiebeverbot.

Tgl. ab 8 Uhr bis Einbruch der Dunkelheit | Tram 91 oder Bus 695 bis Luisenplatz

Schloss Sanssouci

„Sans souci" kommt aus dem Französischen und bedeutet „ohne Sorge". So wollte Friedrich II. auf seiner Sommerresidenz leben, fern der Regierungsgeschäfte in Berlin. Hier wollte er lesen, musizieren und philosophieren. 1744 ließ er auf einem „wüsten" Berg Terrassen aufschütten. Ein Jahr später begann der Bau des Schlosses im Stile des französischen Rokoko. Architekt war Georg Wenzeslaus von Knobelsdorff. Friedrich lebte allein im Schloss, seine Frau Elisabeth Christine von Braunschweig war nicht einmal zur Eröffnung geladen. Die Ehe blieb kinderlos, worüber es noch heute viele

Der Alte Fritz und die Kartoffel
Eine unerwartete Geschichte

Was wären die Brandenburger ohne ihre Kartoffeln? Doch es kostete Friedrich II. viel Mühe, seinen Untertanen die Knolle erst einmal schmackhaft zu machen.

Steht man vorm Schloss Sanssouci, findet man schnell das Grab Friedrichs II. Es war sein letzter Wunsch, schlicht begraben zu werden, dort, neben seinen Hunden. Manchen wundert vielleicht, dass auf der Grabplatte Kartoffeln liegen. Grund dafür ist Friedrichs Kartoffelbefehl, erlassen am 24. März 1756. Darin heißt es: „denen Herrschaften und Unterthanen den Nutzen von Anpflantzung dieses Erd Gewächses begreiflich zu machen, und denselben anzurathen, dass sie noch dieses Früh-Jahr die Pflantzung der Tartoffel als eine sehr nahrhaften Speise unternehmen."

Als der Preußenkönig seine Schwester Wilhelmine in Bayern besuchte, aß er das erste Mal mit Begeisterung „Tartüffeln". Angesichts der Hungersnöte im eigenen Land beschloss er, seine Bauern den Anbau zu lehren. Denn die Kartoffel war nahrhaft und weniger aufwendig im Anbau als Getreide. Zwar wuchs die südamerikanische Pflanze auch schon im Lustgarten, allerdings nur zur Zierde. Doch die Untertanen taten sich schwer, aßen die Knolle roh oder die Saat. Darum ließ Friedrich eine lange Anleitung über Bodenbearbeitung, Anpflanzung und Verarbeitung verteilen.

Der Legende nach wandte er auch eine List an und steigerte die Attraktivität der Pflanzen dadurch, dass er die Felder von Soldaten bewachen ließ. Kamen nun nachts neugierig gewordene Bauern, um die „wertvollen" Knollen zu stehlen, sahen die Bewacher einfach weg.

Einer von vielen Blickfängen: das Chinesische Haus im Park Sanssouci

Spekulationen gibt. Friedrichs Tagesablauf in Sanssouci war klar geregelt: Kurz nach 3 Uhr wurde er geweckt, noch während des Ankleidens Erledigung der Post. Keine Briefe, außer Todesurteile, ließ er länger als einen Tag liegen. Zum Frühstück trank er viel Kaffee, auch Wasser.

Kommt man vom Ehrenhof ins Schloss, geht es zunächst ins Vestibül und danach in den prächtigen Marmorsaal, der an ein römisches Pantheon erinnert. Im Westflügel liegen die Gästezimmer, wo auch der Dichter Voltaire längere Zeit logierte. Im Ostflügel lagen die Privaträume des Königs. Nach dem Empfangszimmer und dem Konzertzimmer geht es ins Arbeits- und Schlafzimmer, wo auch der Sterbesessel Friedrichs II. steht. Die gesamte Ausstattung ist über die Maßen prachtvoll.

Das Grab Friedrichs II. befindet sich direkt vor dem Schloss. Zunächst wurde er in der Garnisonkirche neben seinem Vater beigesetzt, 1943 wegen des Krieges ausgelagert und mehrfach umgebettet. Erst 1991 konnte sein letzter Wille erfüllt werden und er kehrte heim nach Sanssouci, an einen Ort, an dem er glücklich war. Es sollte ein schlichtes Grab sein, neben seinen Hunden.

Maulbeerallee | www.spsg.de | Apr.–Okt. Di–So 10–17.30 Uhr, Nov.–März Di–So 10–16.30 Uhr | Bus X15 oder 695 bis Schloss Sanssouci

Bildergalerie

1755 wurde östlich vom Schloss an der Stelle des ehemaligen Treibhauses eine Bildergalerie gebaut, Architekt war Johann Gottfried Büring. Friedrich II. wollte hier seine private Gemäldesammlung zeigen. Zu sehen ist heute einer der schönsten Rokokosäle mit einer Fülle von Gemälden der Hochrenaissance und des Barock von Rubens, van Dyck oder Caravaggio.

Mai–Okt. Di 10–17 Uhr

Das Neue Palais ist das größte Schloss im Ensemble des Parks Sanssouci

Neue Kammern

Auf der westlichen Seite folgte 1768 die Umgestaltung der Orangerie in ein Gästeschloss, die Neuen Kammern. Dort fasziniert vor allem der Jaspissaal. Vorher beherbergte die Orangerie in den Wintermonaten die Kübelpflanzen des Königs.

Mai–Okt. Di–So 10–17.30 Uhr

Historische Mühle

Die rekonstruierte Galerieholländerwindmühle steht direkt hinter den Neuen Kammern. Hier hat man eine interessante Aussicht auf den Park, kann eine Ausstellung besuchen und sogar frisch gemahlenes Mehl im Mühlenladen erwerben.

Maulbeerallee 5 | www.spsg.de |
Apr.–Okt. tgl. 10–18 Uhr, Nov./Jan.–März Sa/So 10–16 Uhr, Dez. geschlossen

Neues Palais

Am Ende der Allee steht das Neue Palais, der letzte und größte Bau Friedrichs II. Hier setzte er noch einmal einen kostspieligen Plan um, der ihm selbst als Prahlerei erschien. Baumeister waren Johann Gottfried Büring und Carl von Gontard. Das Schloss ist 250 Meter lang, hat drei Etagen und dreihundert Zimmer. Friedrich hat sehr selten dort gewohnt, es war eher für Gäste und für Festlichkeiten gedacht. Im Südflügel liegt ein kleines Rokokotheater. Sehenswert ist der Marmorsaal mit seinen schönen Decken und Wandgemälden, darunter befindet sich der einzigartige Muschelsaal.

Am Neuen Palais |
Apr.–Okt. Mi–Mo 10–17.30,
Nov.–März. Mi–Mo 10–16.30

Karl Foerster
Der Gartenpionier

Kaum einer wird von den Potsdamern so verehrt wie der Garten architekt Karl Foerster.

Er kam 1911 von Berlin nach Potsdam-Bornim und errichtete auf einer 5000 Quadratmeter großen Ackerfläche einen außergewöhnlichen Garten, ausschließlich mit eigenen Züchtungen. Sein Frühlingsweg, die Farnschlucht oder sein Senkgarten verzaubern die Besucher noch heute. Besonders die Stauden hatten es Foerster angetan. Phlox, Astern oder Rittersporn, davon mehr als siebzig Sorten, gab er fantasievolle Namen wie „Juliglut", „Gletscherwasser" oder „Jubelruf".

Doch Foerster (1874–1970) war noch viel mehr, er war ein Philosoph und seine Bücher wie *Es wird durchgeblüht* lasen Millionen. Die feinsinnigen Naturbetrachtungen stellten ein Gegengewicht zum oft schwarzweißen DDR-Alltag dar. Die Buntheit des Gartens, die Freude am Wachsen und die Poesie der Blüten, all das verfehlt auch heute seinen Zauber nicht. Ganz im Sinne Foersters ist der Garten heute kostenlos zu besichtigen, je nach Jahreszeit bis in die Dämmerung. Zweimal im Monat gibt es jahreszeitlich unterschiedliche Führungen. Nebenan befindet sich eine dazugehörige Gärtnerei mit Verkauf seiner Züchtungen.

Am Raubfang 6 | www.foerster-garten.de

Der bunte Foerster-Garten kann kostenfrei besichtigt werden

Nördlich von Sanssouci

Ruinenberg

Auf dem Ruinenberg oberhalb von Sanssouci befindet sich der **Normannische Turm.** Friedrich II. ließ hier ein Wasserreservoir bauen. Rundherum wurden künstliche Ruinen errichtet. Heute ist der Normannische Turm als Aussichtsturm begehbar. Nicht weit davon in westlicher Richtung liegt **Bornstedt** mit der Kirche, dem Friedhof und dem Krongut.

Krongut Bornstedt

Einst mittelalterliches Rittergut, von der preußischen Königsfamilie erworben. Von Friedrich Wilhelm IV. nach einem Großbrand 1846–48 im Stil der italienischen Renaissance komplett neu aufgebaut, gehört zum UNESCO-Weltkulturerbe. Heute beliebte Ausflugs- und Eventlocation.

Ribbeckstraße 6–7 |
www.krongut-bornstedt.de | Tgl. 8–22 Uhr

Dorfkirche Bornstedt

Kirchenbau im italienischen Stil nach einem Entwurf August Stülers. 1854/56 wurde die Kirche nach Ideen von König Friedrich Wilhelm IV. neu gestaltet, 1882 von Reinhold Persius mit einem Choranbau ergänzt.

Ribbeckstraße 17 |
www.evkirchepotsdam.de |
Tgl. 13.30–17.30 Uhr

Bornstedter Friedhof

Unbedingt ansehen! Vierhundertjähriger, romantischer Friedhof mit mehr als 600 historischen Gräbern, unter anderem von Gartendirektor Peter Joseph Lenné, den Architekten Ludwig und Reinhold Persius oder der Gärtnerfamilie Sello.

Ribbeckstraße 40 |
www.bornstedter-friedhof.de |
Apr.–Okt. Führungen jeden 1. Samstag im Monat, Treffpunkt 14.30 Uhr in der Kirche

Das Krongut Bornstedt mit dem Café der Hofbäckerei ist ein beliebtes Ausflugsziel

Russische Holzschnitzromantik in der Kolonie Alexandrowka

Nördliche Vorstadt

Etwas nördlich der barocken Altstadt liegen weitere Potsdamer Highlights: die russische Kolonie Alexandrowka mit ihren Blockhäusern, die russisch-orthodoxe Kirche auf dem Kapellenberg und das märchenhafte Belvedere auf dem Pfingstberg, von dem man einen fantastischen Blick auf Potsdam und seine Umgebung hat.

Kolonie Alexandrowka

König Wilhelm III. ließ die Kolonie Alexandrowka 1827 für die letzten zwölf Sänger eines russischen Soldatenchors anlegen. 13 Holzhäuser im russischen Stil wurden von dem italienisch-russischen Architekten Carlo Rossi entworfen. Das Landschaftskonzept in Form eines Hippodroms mit Andreaskreuz stammt von Peter Joseph Lenné. Heute wandelt man gern durch die grüne Oase mit den schönen Streuobstwiesen. Zu besichtigen ist ein Museum, wo Besucher über die Geschichte und die Entstehung der Kolonie lernen können. Nebenan bieten das Gartencafé und das Restaurant osteuropäische Spezialitäten an.

Russische Kolonie 2 | www.alexandrowka.de | Apr.–Okt. tgl. außer Mi 10–18 Uhr

Alexander-Newski-Gedächtniskirche

Oberhalb der Alexandrowka liegt auf dem Kapellenberg die Alexander-Newski-Gedächtniskirche. Sie wurde 1829 für Bewohner der russischen Kolonie Alexandrowka im altrussischen Baustil errichtet. Die Kirche ist das älteste russisch-orthodoxe Kirchengebäude in Westeuropa und zählt seit 1999 zum UNESCO-Weltkulturerbe. Heute dient sie der russisch-orthodoxen Gemeinde mit 3000 Mitgliedern. Ein Spazierweg führt von hier weiter zum Pfingstberg.

https://r-o-k.de/

Renaissanceschloss mit Aussicht: das Belvedere auf dem Pfingstberg

Belvedere auf dem Pfingstberg

Zauberhafte Aussicht auf Potsdam! Das Schloss Belvedere ließ Friedrich Wilhelm IV. von 1847 bis 1863 im Stil der italienischen Renaissance errichten. Architekten waren Ludwig Persius und Friedrich August Stüler. Zum Ensemble gehören das Schloss Belvedere, der Pomonatempel und der historische Landschaftsgarten von Peter Joseph Lenné. Zu besichtigen ist eine Dauerausstellung zur Geschichte des Schlosses. Im Sommer ist das Ensemble romantische Kulisse für Musik- und Theaterveranstaltungen, gern auch für Hochzeiten.

Große Weinmeisterstraße 45a | www.pfingstberg.de | Apr.–Okt. täglich | März und Nov. Sa/So

Folgt man vom Belvedere dem Weg hinunter in Richtung Neuer Garten, trifft man auf die **Villa Quant,** heute das **Fontane-Archiv.** Gegenüber liegt die **Gedenkstätte Leistikowstraße**.

Gedenk- und Begegnungsstätte Leistikowstraße

Geschichte die gern verdrängt wird! Gleich nach dem Zweiten Weltkrieg hatte sich hier der sowjetische Geheimdienst ausgebreitet im „Militärstädtchen Nr. 7". Ein neu angelegter Geschichtspfad mit Audio-App gibt Auskunft, was dies für Ausmaße hatte. Im Zentrum stand das Untersuchungsgefängnis der sowjetischen Militärspionageabwehr, heute Gedenk- und Begegnungsstätte Leistikowstraße, wo die Sowjets mit barbarischen Methoden versuchten politische Gegner auszuschalten. Es gibt eine Dauer- und Sonderausstellungen. Der Individualbesuch ist grundsätzlich kostenfrei, Führungen sind vorher buchbar.

Leistikowstraße 1 | www.leistikowstrasse-sbg.de | Di–So 13–17 Uhr, für Einzelbesucher unter 12 Jahren nicht geeignet | www.gedenkstaette-leistikowstrasse.de

Neuer Garten

Auf einhundert Hektar verläuft der Neue Garten zwischen **Heiligem See** und **Jungfernsee.** Er wurde ab 1787 unter Friedrich Wilhelm II. angelegt. Verantwortlich war der Wörlitzer Gärtner Johann August Eyserbeck. Der König wollte hier ein Gegengewicht zu Sanssouci schaffen.

Der Neue Garten sollte kein symmetrischer Garten sein, sondern die Illusion von Natürlichkeit vermitteln. Seit 1917 steht im Neuen Garten das **Schloss Cecilienhof.** Es war der letzte Schlossbau der Hohenzollern in Preußen. Weitere Gebäude sind das **Marmorpalais** und die **Schlossküche** in Form einer Tempelruine. Die **Alte Meierei** wurde 1790 als Milchproduktionsstätte für die königliche Hofküche errichtet. Heute ist das Gebäude eine Gasthausbrauerei mit Terrasse am Jungfernsee. Man hat sich hier auf Deftiges spezialisiert: Bier, Weißwürste, Brezeln. Kaffee und Kuchen gibt es leider nicht. Ebenfalls zum Neuen Garten gehören das **Holländische Etablissement**, die **Muschelgrotte**, die **Orangerie** und die **Pyramide.**

Marmorpalais

Weil Friedrich Wilhelm II. in seinem Sommersitz viel Marmor in der Innenausstattung verbaute, wurde das Gebäude Marmorpalais genannt. Erheblichen Einfluss auf das Interieur sowie die Anlage des Neuen Gartens soll seine Mätresse Wilhelmine Encke gehabt haben, mit der sich der König hier traf. Der Architekt war ab 1787 Carl von Gontard. 1946 wurde es zum Offizierskasino der Sowjets, die DDR sanierte das Haus und richtete ein Armeemuseum ein. Die ursprüngliche Ausstattung ist heute wieder zu besichtigen, unter anderem die feinen Seidenbespannungen

Das Marmorpalais war der Sommersitz Friedrich Wilhelms II.

Zauberhafter Ort mit historischer Bedeutung: das Schloss Cecilienhof

und zwei Standuhren aus dem Nachlass der Madame Pompadour. Ebenfalls sehenswert sind die Sammlung hochwertiger Keramikvasen sowie der Grotten- und der Konzertsaal.

Im Neuen Garten 10 | www.spsg.de | Jan.–Apr. Sa/So, Mai–Okt. Di–So | Besichtigung mit Führung

Schloss Cecilienhof

Die heutige Gedenkstätte des Potsdamer Abkommens liegt im nördlichen Teil des Gartens. Ursprünglich wurde es 1917 für den letzten deutschen Kaiser Wilhelm II. und seine Frau Cecilie von Paul Schultze-Naumburg erbaut. Weltweite Bekanntheit erlangte das Schloss als Tagungsort des Potsdamer Abkommens vom 17. Juli bis 2. August 1945, wo sich die Siegermächte des Zweiten Weltkriegs trafen. Truman, Churchill und Stalin entschieden hier über die politische und geografische Neuordnung Deutschlands und damit auch über das Leid, Umsiedlung und Vertreibung von Millionen Menschen.

Im Neuen Garten 11 | www.spsg.de | Apr.–Okt. Di–So 10–17.30 Uhr, Nov.–März 10–16.30 Uhr

Matrosenstation Kongsnæs

Geht man vom Neuen Garten die Schwanenallee entlang, erstreckt sich östlich der Jungfernsee. An seinem Ufer liegt die ehemalige Matrosenstation *Kongsnæs*. 1891 ließ Kaiser Wilhelm II. hier im norwegischen Drachenstil eine Empfangshalle, die so genannte Ventehalle, einen Bootsschuppen und drei Wohnhäuser für das Personal errichten. Von hier aus startete der Kaiser zu Lustfahrten auf die Havel. Die Häuser wurden jüngst saniert, in die Ventehalle zog ein feines Restaurant mit schöner Terrasse ein. Der kaiserliche Großsegler *Royal Luise* schippert mit Besuchern über den Jungfernsee.

Restaurant Kongsnæs am Jungfernsee | Schwanenallee 7d | www.kongsnaes.de | Di–So 12–23 Uhr

Heilandskirche Sacrow
Kleinod direkt am Wasser

Von der Glienicker Brücke hat man in nördlicher Richtung einen schönen Blick auf die Heilandskirche, einen ganz besonderen Ort im abgelegenen Potsdamer Ortsteil Sacrow.

Die Kirche, die direkt an der Havel steht, wurde 1844 unter Friedrich Wilhelm IV. von Ludwig Persius gebaut, mit separatem Kirchturm im italienischen Stil. Das Gotteshaus wurde kunstvoll in die Potsdam-Glienicker Gartenlandschaft integriert. Von hier aus bieten sich herrliche Ausblicke auf die Havel sowie auf Gärten und Schlösser. Hinter der Heilandskirche liegen das Sacrower Schloss und der von Lenné gestaltete Schlosspark.

1961 wurde die Mauer mitten durch den Schlosspark Sacrow gebaut. Die Kirche stand nun im Grenzgebiet und war nicht mehr von Osten her zugänglich. Mutige Schwimmer überquerten anfangs die Havel von Westberliner Seite aus und ritzten ihre Namen in die Fliesen der Kirche. Nach der Maueröffnung wurden Kirche, Schloss und Park vollständig saniert und auch die historischen Sichtachsen zur Potsdam-Glienicker Parklandschaft wieder hergestellt.

Der Bus 697 fährt von Haltestelle Gutshaus Neukladow bis nach Sacrow (Haltestelle Schloss Sacrow).

www.heilandskirche-sacrow.de

Die Heilandskirche Sacrow liegt direkt an der Havel

Berliner Vorstadt

Westlich der Schwanenallee liegt die Berliner Vorstadt, sie zieht sich entlang des Heiligen Sees – ein großes Villenviertel, wo sich nach der Wende viele Prominente und Millionäre eingekauft haben.

Auf der anderen Seite – ein ganz anderes Leben, hier liegt das internationale Kunst- und Kulturquartier Schiffbauergasse mit Theatern, Museen und Musikhalls am Ufer des Tiefen Sees.

Hanns-Otto-Theater

Theaterneubau von 2006, der ins Auge sticht mit den schalenförmigen, auskragenden Dächern des Kölner Architekten und Pritzker-Preisträgers Gottfried Böhm. Festes Schauspieler-Ensemble mit Gästen, klassische bis moderne Theaterstücke.

Schiffbauergasse 11 | www.hansottotheater.de

museum FLUXUS+

Museum der modernen Kunst, mit Ausrichtung auf die Fluxus-Bewegung sowie umfangreiche Privatsammlung von Wolf Vostells sowie Arbeiten zeitgenössischer Künstler, einzigartig in Berlin und Potsdam. Café und Museumsshop.

Schiffbauergasse 4f | www.fluxus-plus.de | Mi-So 13–18 Uhr

T-Werk

Internationales Theaterzentrum Potsdam mit Musiktheater, Schauspiel, Masken- und Figurentheater sowie Konzerten, Lesungen und Workshops. Generationsübergreifend, schnell ausverkauft sind die Kinder- und Jugendvorstellungen.

Schiffbauergasse 4 E | www.t-werk.de

Fabrik Potsdam

Hier ist täglich was los – ob Swingtee, Tango Café, Jazztage, Kunst & Klima, Tanztage, Chor-Workshop oder Havel-Hop.

Schiffbauergasse 10 | www.fabrikpotsdam.de

Waschhaus

Seit Anfang der 90er-Jahre hat sich das Waschhaus vom besetzten Haus zu einem der vielseitigsten und besucherstärksten Kulturbetrieben des Landes Brandenburg entwickeln. Auf dem großen Gelände gibt es Lesungen, Kabarett, Comedy, Konzerte, auch Open-Air. Dazu kommt der Kunstraum Potsdam mit Ausstellungen der internationalen Moderne, das Tanzstudio Oxymoron und das Kinder- und Jugendtheater Freudenschrei. Es werden auch zahlreiche kulturelle- und Kunstprojekte der Universität Potsdam organisiert und durchgeführt.

Schiffbauergasse 6 | www.waschhaus.de

Glienicker Brücke

Wie der Name es schon andeutet, liegt die Berliner Vorstadt an der Grenze zu Berlin. Früher verlief hier die Berliner Mauer und auch heute befindet sich hier die Landesgrenze zwischen Brandenburg und Berlin. Einzige Verbindung ist die Glienicker Brücke. Die imposante Eisenfachwerkbrücke aus dem Jahre 1907 ist 128 Meter lang. Berühmtheit erlangte die Brücke vor allem durch den Agentenaustausch im Kalten Krieg. Insgesamt wurden 40 Spione ausgetauscht. Das war Motiv für viele Agentenfilme. Über die Brücke gelangt man nach Babelsberg, aber auch zum Jagdschloss Glienicke.

Blick über die Havel auf Schloss und Park Babelsberg

Babelsberg

Babelsberg ist der größte und vielleicht vielseitigste Stadtteil Potsdams.

Er umfasst zum einen den riesigen, wundervollen **Park Babelsberg** mit dem **Schloss,** dahinter die **Villenkolonie** am Griebnitzsee und südlich die Altstadt mit dem **Weberviertel,** wo es viele urige Kneipen und Szenelokale gibt. Oft in aller Munde ist die **Medienstadt** am östlichsten Rand von Babelsberg mit der *Filmuniversität Konrad Wolf,* der *Ufa,* dem *Filmpark Babelsberg* und dem *Rundfunk Berlin-Brandenburg (rbb).*

Der Name Babelsberg leitet sich von den slawischen Begriffen „Buberow" und „Baberberg" ab, dem „Ort, wo der Biber haust". Zunächst stand hier das Rundplatzdorf Neuendorf, das bereits im 14. Jahrhundert erwähnt wurde und heute noch in seiner Form zu erkennen ist. 1750 ließ Friedrich II. unweit davon die *Colonie Nowawes,* eine Webersiedlung, bauen. Sie wuchs rasant und während der Gründerzeit entstanden riesige Tuch-, Maschinen- und Textilfabriken.

1871 erwarben zwei Berliner Bauräte am Griebnitzsee ein 50 Hektar großes Stück Bauland, teilten es in 170 Parzellen und machten mit den Villengrundstücken das Geschäft ihres Lebens. Neu-Babelsberg war geboren. Wohlhabende Berliner und später auch Filmstars wohnten hier, denn 1917 gründete sich in einer leeren Fabrikhalle die *Ufa.* In der Nazizeit wurden alle jüdischen Villenbesitzer enteignet, Nazis erstanden die preiswerten Grundstücke. Während der Potsdamer Konferenz im Schloss Cecilienhof 1945 quartierte man Truman, Churchill und Stalin hier ein. In der DDR wurden die Villen von öffentlichen Institutionen genutzt, allein elf gehörten der Filmhochschule Potsdam. Nach der Wende entbrann-

Am Weberplatz in Babelsberg findet man noch einige hübsche Kolonistenhäuser

te die „Potsdamer Seeschlacht" zwischen jüdischen Nachfahren, Nazierben, Hausbesetzern und Millionären.

Jenseits von Villenviertel und Medienstadt gibt es noch ein anderes Babelsberg. Im Weberviertel leben heute viele Studenten und andere ganz normale Leute, in netten Cafés und Lokalen findet man hier eine angenehme Kiezatmosphäre.

★ Park Babelsberg

Der 120 Hektar große Park Babelsberg ist ein wirkliches Kleinod. Hier standen zwei Gartenkünstler im Wettbewerb. Zehn Jahre hatte der preußische Gartenbaudirektor Peter Joseph Lenné den Park betreut, dann drängte sich Fürst Pückler regelrecht auf und konnte Königin Augusta, die Frau Wilhelms I., für sich gewinnen. Lenné wurde prompt entlassen. Pückler fand dessen Bepflanzung „mickrig". 1842 rückte er mit großem Gerät an, unter anderem einem zweirädrigen Wagen, mit dem man riesige Bäume transportieren konnte. Trotz seines enormen Selbstbewusstseins war Pückler auch feinfühlig. Er errichtete Terrassen mit edlen Mosaiken und farbenfrohe Blumenrabatten. Vor dem Fenster der Königin pflanzte er Blumenteppiche in Ornamentform. Um seine Riesenbäume zu bewässern, legte der Fürst ein unterirdisches Bewässerungssystem an, das von einem Dampfmaschinenhaus aus betrieben wurde. Dies ist heute noch zu sehen und ähnelt dem Schloss mit seinen Türmchen.

Tgl. ab 8 Uhr bis Einbruch der Dunkelheit

Schloss Babelsberg

Hoch auf einem Hügel im Babelsberger Park bietet das Schloss Babelsberg mit Erkern und Türmchen einen imposanten Anblick. Prinz Wilhelm I. wünschte sich schon lange ein eigenes Sommerschloss, doch sein Vater, der sparsame Friedrich Wilhelm III., erlaubte seinem Sohn nur zögerlich die Errichtung einer eigenen Residenz. 1833 begann die Bautätigkeit. In mehreren Phasen waren die Architekten Friedrich Schinkel, Ludwig Persius und Johann Heinrich Strack beteiligt. Noch während der Planung starben Schinkel sowie Persius. 1849 wurde das Schloss im Stil der englischen Gotik eingeweiht. Während heute die Fassade bereits schön saniert ist, bedarf es innen noch einer Sanierung, darum ist Schloss Babelsberg derzeit geschlossen. Trotzdem lohnt ein Besuch des wunderschönen Parkensembles mit Springbrunnen, Skulpturen und Blumenbeeten. Weitere Parkbauten sind das **Kleine Schloss,** die **Gerichtslaube,** der **Marstall** sowie der **Flatowturm.**

Weberviertel

Als um 1750 viele böhmische Protestanten aus ihrer Heimat vertrieben wurden, ließ Friedrich II. vor den Toren Potsdams ein Kolonistendorf bauen, was er *Nowawes* (neues Dorf) nannte. Auf seinen Befehl wurde eine kleine Planstadt mit einstöckigen Häuschen gebaut, in denen je zwei Familien Platz fanden. Die Struktur ist heute noch gut zu erkennen. Neben Religions- und Steuerfreiheit gab es auch für jeden ein Stückchen Land hinter dem Haus.

Die Neuankömmlinge waren ausnahmslos Weber. Friedrich hatte schon viel von der Seidenraupenzucht gehört und wollte sie in Potsdam etablieren, darum ließ er über 3 000 Maulbeerbäume pflanzen. Sein Vorhaben war zwar nur von mäßigem Erfolg gekrönt, doch es entwickelte sich in Babelsberg eine blühende Textilindustrie. 100 Jahre später gab es 1 600 Webstühle in Nowawes. 1938 störte die Nazis der tschechische Name, aus Nowawes und der Villenkolonie Babelsberg wurde die Stadt Babelsberg. 1939 wurde sie nach Potsdam eingemeindet.

Rund um den Weberplatz, wo heute noch mehrere Kolonistenhäuser und ein Maulbeerbaum stehen, findet man viele nette Cafés und Lokale mit lockerer Atmosphäre. Das Viertel ist auch bei Studenten sehr beliebt, man lebt hier entspannt zusammen. Besonders schön sind hier das Weberfest im Mai oder die Potsdamer Erlebnisnacht Ende Juli.

Kulturhaus Babelsberg

Ehemaliges Rathausgebäude im Stil der märkischen Backsteingotik von 1899 (bis 1938 Rathaus Nowawes), Architekt: Julius Otto Kerwien. Heute Kleinkunstbühne (▶Aktiv & sportlich, Seite 65)

Karl-Liebknecht-Straße 135 |
www. kulturhausbabelsberg.de

Filmpark Babelsberg

Für den (nicht geringen) Eintrittspreis wird einiges geboten – hier wird die 100-jährige Film- und TV-Geschichte Potsdams lebendig! Mehr als zwanzig Attraktionen warten auf die Besucher, darunter Stuntshows, Mittelalter-, Western- oder Gigantenstraße, 4-D-Actionkino, die große Caligarihalle, Janoschs Traumland mit Bootsfahrt, die Sandmännchenwelt oder der originale *GZSZ*-Drehort. Neueste Attraktion sind die Kulissen zur Kino-Verfilmung von Michael Endes Kinderbuch *Jim Knopf und Lukas der Lokomotivführer*. Hinzu kommen viele Sonderveranstaltungen wie die beliebten Horrornächte.

Tipp für alle, die mal hereinschnuppern wollen: 3 Stunden vor Ende der Öffnungszeiten zahlen alle Besucher den ermäßigten Eintrittspreis.

Großbeerenstraße 200 |
www.filmpark-babelsberg.de

Praktische Tipps

Hinkommen

Bahn

S 7 alle 10 Minuten, RE 1 alle 20 Minuten von Berlin nach Potsdam Hbf. Die S-Bahn hält auch in Babelsberg und Griebnitzsee. Regionalzüge verbinden auch mit Magdeburg, Brandenburg a. d. Havel, Werder (Havel).

Nahverkehr vor Ort

Innerhalb von Potsdam fahren Straßenbahnen, Busse und die Fähre F1 (nach Hermannswerder) der Verkehrsbetriebe Stadtwerke Potsdam.

Die Buslinien X15, 605, 606 und 695 verbinden als Sanssouci-Linie die Stadt und den Hauptbahnhof mit dem berühmten Schlosspark.

www.swp-potsdam.de

Gut zu wissen

Touristinformation Potsdam

Tickets, Führungen. Berlin-Welcome-Card – Potsdam Edition. App: Potsdam City Guide

Am Alten Markt, Humboldtstraße 2 | Mi geschl. | Potsdam Hbf.-Mobiagentur | Friedrich-Engels-Straße 99 | tgl. geöffnet | www.potsdamtourismus.de

Gut gebettet

Hotel Brandenburger Tor Potsdam

Ideale Ausgangslage nach Sanssouci und ins Holländische Viertel. Boutiquehotel, außen historische Fassade, innen topmodern, sehr beliebt. Terrasse zum Luisenplatz.

Brandenburger Straße 1 | www.hotel-brandenburger-tor.de | €€€

Hotel am Großen Waisenhaus

Einst als „Kaserne für Beweibte" vom holländischen Baumeister Jan Bouman errichtet, später Kinderlazarett. Nahe Luisenplatz, kurzer Weg nach Sanssouci oder zur Shoppingmeile. 34 Zimmer von einfach bis luxuriös, alles modern und sauber.

Lindenstraße 28/29 | www.hotelwaisenhaus.de | €€

Hotel zum Hofmaler

3-Sterne-Hotel direkt im Holländischen Viertel. 1751 lebte hier Friedrich-Wilhelm Bock, ein Hofmaler von Friedrich II. Liebevoll und modern ausgestattet, Zimmer mit Holzböden, gutes Frühstück.

Gutenbergstraße 73 | www.hofmaler-hotel-potsdam.de | €€

Jugendherberge

Jugendherberge Potsdam

Haus der Jugend in Babelsberg in der Nähe des Filmparks. Preiswert für Einzelreisende, Familien, Gruppen. 154 Betten, Frühstück, Mittag- und Abendessen als Buffet.

Schulstraße 9 | www.jugendherbergen-berlin-brandenburg.de | €

Camping

Der königliche Campingplatz Sanssouci

Direkt am Wasser, nur 5 km entfernt von Potsdam, mit dem Elektrorad (am Platz zu mieten) ein Katzensprung. Wellness, Bootsvermietung, Restaurant *Anna-Amalia,* Stellplätze für Wohnwagen und Zelte oder Schlafen im Weinfass.

An der Pirschheide 41 | www.camping-potsdam.de

Von Suppe bis Torte

Innenstadt

Café Heider

Nennt sich das Wohnzimmer der Stadt. Unschlagbare Auswahl, unkompliziert und gemütlich. Große Frühstückskarte, mittags preiswerte Tagesgerichte, Torten und Eisbecher. Österreichische Schmankerln wie Topfen- oder Marillenknödel sowie Thementage. Eigene Brauerei mit Terrasse.

Friedrich-Ebert-Straße 29 |
www.cafeheider.de

Pauline

Französisch-Bretonische Küche, Gemütlichkeit mit viel Genuss, große Auswahl an leckeren Gerichten, auch Flammkuchen und Crepés.

Friedrich-Ebert-Straße 31 |
www.pauline-potsdam.de

Café Rosenberg

Café und Konditorei 100% vegan. Große Auswahl an Kuchen und Kuchen und Torten (für alle Anlässe zum Bestellen), leckeres Frühstück.

Dortustraße 15 |
www.rosenberg-potsdam.de

KADES Restaurant Am Pfingstber

Ausflugslokal mit der schönsten Aussicht auf Potsdam. Tolles Essen, nette Atmosphäre, große Terrasse, saisonale, regionale Küche.

Große Weinmeisterstraße 43b |
www.restaurant-pfingstberg.de |

Babelsberg

Café Kellermann

Tolle Kiezlocation mit Frühstück, Sonntagsbrunch bis zum gemütlichen Abend mit Cocktails und Bier. Lesungen, Konzerte, Salsa-Partys.

Rudolf-Breitscheid-Straße 32 |
www.kellermann-babelsberg.de

Das Café Heider ist ein beliebter Treffpunkt in Potsdams Innenstadt

Restaurant Otto Heimke
Traditionsgaststätte, seit 1896 in Familienbesitz. Regionale, frische Küche, z. B. Beelitzer Kaninchenroulade oder Pfifferlinge aus den umliegenden Wäldern.
Karl-Gruhl-Straße 55 | www.restaurant-ottoheimke.de

Nudeltopper
Babelsberger Kultkneipe mit uriger Einrichtung. „Nudeltopper" hießen einst die Babelsberger, als hier noch viele Schlote rauchten wie Wasserdampf aus einem Nudeltopf. Großer Wohlfühlfaktor mit Fassbier, deutscher Küche, Biergarten unter Linden.
Plantagenstraße 26 | www.nudeltopper-babelsberg.de

Am Abend

Barfritzn
Stilvolle Bar, herzliche Atmosphäre, coole Drinks, neue Kreationen, es wird beim Inhalt nicht geknausert. Richten auch After Work Partys u. a. im *Museum Barberini* aus.
Dortustraße 6 | www.barfritzn.de | täglich

Kaufen & stöbern

Markt am Nauener Tor
Kunst und Kulinarisches, Frische- und Spezialitätenmarkt, nachhaltig, regional, saisonal. Streetfoodmarkt am Mittwoch, Frische- und Spezialitäten am Samstag, jeweils 9–16 Uhr.
Hegelallee 55 | www.markt-am-nauener-tor.de

Floh- und Bauernmarkt auf dem Weberplatz
Regionales Obst, Gemüse, Blumen, Wurst und Fisch aber auch Bücher, Taschen und Trödel.
Weberplatz | Sa 7–14 Uhr

Internationales Buch
Gut sortierte Buchhandlung mit riesigem Sortiment, freundliche und kompetente Buchhändler. Alles über Potsdam und die Region, Gartenbücher, Reiseliteratur, Belletristik, Kinderbücher und vieles mehr.
Brandenburger Straße 41–42 | www.internationales-buch.de

Bornstedts kleine Bücherstube
Nicole Pienkoss ist eine engagierte Buchhändlerin mit Herz, die sich mit dem Laden einen Traum erfüllt hat. Kinderbücher, moderne Bestseller, freundlicher Service.
Potsdamer Straße 175

Lieblingsladen
Individuelle, fantasievolle Mode regionaler und internationaler Designer im Holländischen Viertel.
Mittelstraße 5 | www.anatara.de

Captain Card
Entzückende Papeterie mit Karten, Kalendern, Tagebüchern.
Gutenbergstraße 97 | www.captaincard.com

Aktiv & sportlich

Biosphäre Potsdam
Tropenwelt hautnah erleben: Tiere und Pflanzen, Schmetterlingshaus, Wasserfall, Aquasphäre. Ideal bei Regenwetter mit Kindern.
Georg-Hermann-Allee 99 | www.biosphaere-potsdam.de |

Blu – Sport- und Freizeitbad
Anlage mit Sport- und Planschbecken, Wasserrutschen, Strömungskreisel, Kletterwand und Wasserspielen für Kinder. Große Saunalandschaft mit Außenschwimmbecken.
Brauhausberg 1 | www.swp-potsdam.de

Im Holländischen Viertel findet man viele kleine, ganz besondere Läden

Kulturhaus Babelsberg
Puppen- und Figurentheater, Kleinkunstbühne, Konzerte und Tanz, Hoffeste und Ausstellungen, vielfältiges Programm, Träger ist der AWO Bezirksverband Potsdam.
Karl-Liebknecht-Straße 135 |
www. kulturhausbabelsberg.de

Fahrrad- & Bootsverleih

CityRad-Rebhan
Verleih von City-, Kinder und Elektrorädern, sowie Verkauf von Ersatz- und Zubehörteilen, Service.
Heinrich-Mann-Allee 7 | März–Nov. tgl. 9.30–19 Uhr | www.cityrad-rebhan.de

Potsdam per Pedales
Erfahrene und unterhaltsame Stadtführer mit Herz – ob Potsdam, Berlin oder Umland, ob mit Fahrrad, Kajak oder SUP. Außerdem Fahrradladen mit Werkstatt. Verleihstationen gibt es am Bahnhof Griebnitzsee und am Potsdam Hauptbahnhof. Stand-up-Boards kann man in der Villa Schöningen, die sich direkt an der Havel befindet, ausleihen.
Rudolf-Breitscheid-Straße 201 |
www.potsdam-per-pedales.de

Bootsvermietung Moisl
Auf der Freundschaftsinsel (beim Spielplatz) und am Templiner See (Templinerstraße 110). Vermietung von Tretbooten, Kanus, Ruderbooten. Imbiss mit Eis, Getränken und Snacks.
https://bootsvermietung-moisl.de/

Schiffsausflüge

Weiße Flotte Potsdam
Schlösser-, Havel- und Wannseerundfahrten. Im Sommer auch Nächtliche Schlösserimpressionen mit Menü. Im September „Havel in Flammen" – eine Abendfahrt mit Musik-Unterhaltung und Feuerwerk. Abfahrt Lange Brücke.
www.schiffahrt-in-potsdam.de

Tour 1: Drei-Seen-Radtour in Potsdam

Diese leichte Fahrradtour führt durch die wunderschöne Park- und Schlösserlandschaft an den Havelseen im Norden Potsdams.

Charakteristik: leichte Radtour durch Parks und am Wasser entlang

Start & Ziel: Potsdam Hbf

Strecke: Alter Markt – Neuer Garten – Berliner Vorstadt – Glienicker Brücke – Klein Glienicke – Park Babelsberg

Entfernung: 13 km

Dauer: 1 Std. (reine Fahrzeit)

Einkehrtipp: *Meierei Potsdam - Gasthaus und Brauerei,* Restaurant *Matrosenstation KONGSNÆS* nahe der Glienicker Brücke

Tipp: Badesachen einpacken!

Diese einfache Fahrradtour führt uns durch die wunderschöne Park- und Schlösserlandschaft an den Havelseen im Norden Potsdams.
Vom Hauptbahnhof fahren wir über die Lange Brücke und biegen an deren Ende rechts in die Humboldtstraße auf den **Alten Markt** ein (▶ Seite 39). Am Ende des Platzes geht es rechts auf die Straße Am Kanal, die im weiteren Verlauf Berliner Straße heißt. An der großen Kreuzung biegen wir schräg links in die Behlertstraße ein, die uns zum Südzipfel des **Neuen Gartens** (▶ Seite 55) mit der **Gotischen Bibliothek** führt.

Der schöne Uferweg am **Heiligen See** ist für Radfahrer leider gesperrt, deshalb bleiben wir zunächst noch auf der Straße Am Neuen Garten und biegen erst weiter nördlich nach rechts in den Park auf den Ökonomieweg ein. Vorbei an der **Orangerie** können wir rechts einen Blick auf das **Marmorpalais** erhaschen. Wir folgen dem Ökonomieweg weiter bis zum **Schloss Cecilienhof.**

Kurz dahinter, vor der *Meierei* biegen wir rechts in den Uferweg am **Jungfernsee** ein. Am Ufer des Sees entlang fahren wir an der **Muschelgrotte** vorbei. Hinter der nächsten Landzunge mit der **Eremitage** kann man gut die **Sacrower Heilandskirche** sehen (▶ Seite 57). Weiter geht es immer am Ufer entlang. Wenn sich die Bäume lichten, sieht man rechts über dem Heiligen See das Marmorpalais. Nach rechts kommt man auch zu einer allseits beliebten **Badestelle.**

Geradeaus weiter geht es über die **Schwanenbrücke** auf die Schwanenallee. Hier beginnt die **Berliner Vorstadt** (▶ Seite 58), ein Villenviertel, in dem einige Prominente wohnen. Ein paar schöne Holzhäuser sieht man nun: Dies war einst die königliche Matrosenstation **Kongsnæs,** heute ein schönes Restaurant mit Terrasse. Weiter geht es auf der Schwanenallee bis zur Glienicker Brücke, kurz davor steht die **Villa Schöningen** mit einer Galerie und einem echten Stück Mauer davor. Wer jetzt nicht mehr weiter möchte, kann auf der Berliner Allee wieder in die Innenstadt fahren, sich aber auch die Berliner Vorstadt genauer anschauen, mit dem Theaterquartier und den schönen Villen.

Alle anderen fahren über die **Glienicker Brücke** (► Seite 58) auf die Königstraße. Hier liegt links das ebenfalls sehenswerte **Schloss Glienicke.** Wir biegen von der Königstraße rechts ab in die Mövenstraße und gelangen am **Jagdschloss Glienicke** vorbei nach **Klein Glienicke.** Auf der Waldmüllerstraße wird der Weg nun dank Kopfsteinpflaster etwas beschwerlich, bald biegen wir aber schon wieder nach rechts in die Lankestraße ein und fahren über die kleine Brücke. Vor der Brücke wartet noch ein kleines Café mit leckerem, selbst gemachtem Eis.

Hinter der Brücke geht es gleich wieder rechts auf dem Uferweg am Wasser entlang. Vorbei am Dampfmaschinenhaus gelangen wir nach einer Weile zum **Kleinen Schloss.** Hier können wir das Fahrrad anschließen und den Berg zum **Schloss Babelsberg** (►Seite 60) erklimmen. Von oben hat man einen sensationellen Blick über Potsdam und die Glienicker Brücke. Danach folgen wir immer weiter dem Weg am **Tiefen See** entlang. Am **Strandbad** kann, wer mag, sich noch einmal erfrischen. Alle anderen fahren am Wassersportclub vorbei immer in Seenähe weiter. Unter der Brücke hindurch geht es auf die Havelstraße und über die Nuthe hinweg immer am Havelufer entlang, bis man wieder an der Langen Brücke und dem Hauptbahnhof ankommt.

Östliches Havelland

Östliches Havelland

Am Zusammenfluss von Havel und Spree liegt der Berliner Bezirk Spandau, dort beginnt das Östliche Havelland. Es erstreckt sich von Schönwalde im Norden nach Kladow im Süden.

Berlin-Spandau

Spandau war immer etwas Besonderes. Früher eine eigenständige Stadt, lange am äußeren Rand Westberlins, heute begehrte Wohnlage und Ausflugsort am Wasser.

Mit neun Ortsteilen, von Hakenfelde bis Kladow, zieht sich der Berliner Stadtbezirk Spandau über fast zwanzig Kilometer am Ufer der Havel entlang. Spandau ist im Vergleich wenig besiedelt, hat große Waldstücke wie den Spandauer Forst und Industrieorte wie die Siemensstadt. Lange am Rande Berlins gelegen, an die Mauer grenzend, kannte Spandau kaum Touristenströme. Die Westberliner fuhren höchsten zum historischen Weihnachtsmarkt auf die Altstadtinsel oder zur Zitadelle, wenn dort ein Musikfestival lockte. Meistens nahmen sie die U-Bahnlinie 7, seit 1984 die „Hauslinie" Spandaus. Gesehen haben sie so nicht allzu viel. Doch seit die Mauer weg ist, liegt Spandau mitten im Grünen – ein guter Ausgangspunkt für Rad-, Wander- oder Kanutouren. Havel- und Mauerradweg führen mitten hindurch.

Altstadt Spandau

Das Herz von Spandau ist die Altstadt. Sie liegt als Insel zwischen der Havel und dem Mühlengraben und ist Einkaufszentrum, Flaniermeile und abendlicher Treffpunkt. Spandau ist älter als Berlin, 1157 vom ersten Markgrafen Brandenburgs, Albrecht dem Bären, gegründet. Der baute einen slawischen Burgwall zur Burg „Spandow" aus. Die wurde später durch die Zitadelle ersetzt mit Wehranlagen, Burggraben und dem Juliusturm. Schon im Mittelalter gab es die kleine Stadt auf der Insel mit Fachwerkhäuschen, der Nikolaikirche, dem Gotischen Haus und dem Marktplatz. Das alles wurde im Zweiten Weltkrieg stark zerstört und ist heute wieder wunderbar saniert. Das **Gotische Haus** ist das älteste Haus Spandaus aus dem 15. Jahrhundert. Es dient als Stadtmuseum mit einer ständigen Ausstellung zum Thema „Bauen und Wohnen in der Spandauer Altstadt" und gleichzeitig auch als Touristinformation.

Zentrum der Altstadt ist der Marktplatz mit der **Nikolaikirche.** Vor der Kirche steht das **Denkmal des Kurfürsten Joachim II.,** eines früheren Kurfürsten der Mark Brandenburg.

Am nördlichen Teil der Altstadt, getrennt durch eine breite Verkehrsachse, befindet sich der **Kolk,** ein sehenswertes Stadtviertel mit drei kopfsteingepflasterten Gassen, in dem winzige Fachwerkhäuser aus dem 18. Jahrhundert dicht an der alten Stadtmauer stehen.

◄ *Die trutzige Zitadelle Spandau ist eine der bedeutendsten Festungen der Hochrenaissance in Europa und heute das Wahrzeichen des Berliner Stadtbezirks*

Spandau

Gründung: 1232
Verwaltung: Bezirk der Stadt Berlin
Einwohner: 41.257 (Dez. 2022)
PLZ: 13581–14052
Vorwahl: 0 30
Fläche: 8,029 km²
Geografische Lage: Westlichster Stadtteil von Berlin
Wirtschaft: Maschinenbau, Automobilindustrie, Einzel- und Großhandel

Grüne Stadt

Östlich des Kolks sieht man die mächtige **Zitadelle,** nördlich liegt das Brauhaus am **Wröhmännerpark.** Es ist die älteste, aber neu gestaltete Parkanlage Spandaus. In den letzten Jahren entdeckte der Bezirk sein Potenzial als Naherholungszentrum, die Ufer wurden neu gestaltet wie die Havelpromenade oder das Lindenufer, wo die Schiffe ablegen. Die Lage am Wasser, die vielen Brücken machen Spandau sehr attraktiv. Eine außergewöhnliche grüne Oase ist die Auenlandschaft an den Tiefwerder Wiesen, wo es sogar Wasserbüffel gibt. Wegen der verträumten Kanäle wird die Ecke **Klein Venedig** genannt. Über die Freybrücke gelangt man zu einem schönen Rundwanderweg. Nicht ganz so grün, aber anders attraktiv ist die **Wilhelmstadt,** ein lebendiges, junges Stadtviertel mit modernen Restaurants und Cafés.

Waffen und Filme

Lange bevor Spandau 1920 nach Berlin eingemeindet wurde, war es eine Militärstadt. 1626 wurde die erste Garnison stationiert, es entstanden Exerzierplätze und Waffenarsenale. Friedrich Wilhelm I., der „Soldatenkönig", ließ 1722 die erste Gewehrfabrik bauen. Das war der Auftakt für Spandau als Rüstungsstandort. Im Vorort Haselhorst vor der Insel Eiswerder baute man die Königliche Pulverfabrik. Daraus wurden nach dem Zweiten Weltkrieg die CCC-Filmstudios von Artur Brauner. Seine Karl-May- und Edgar-Wallace-Filme wurden am Eiswerder produziert. Heute führt seine Tochter Alice die Firma weiter, sie sanierte inzwischen die CCC-Studios. Letzte Produktionen waren u. a. *„Ku´damm 63"* oder *„Als Hitler das rosa Kaninchen stahl"*. Gleich daneben entsteht die neue „Wasserstadt" in begehrter Lage. Von der Dammstraße führt die neu gestaltete Havelpromenade bis nach Eiswerder, die Insel kann man auf einem Uferweg ganz umrunden. Schön sitzt man dort im Restaurant *Stilbruch* mit eigenem Bootsanleger und großer Terrasse.

Siemensstadt

In der Gründerzeit wuchs Spandau rasant. 1899 begann der Ingenieurleutnant Werner Siemens mit dem Umzug von Charlottenburg an die Spandauer Nonnenwiesen. Insgesamt baute er dort mehr als zehn Werke, von der Eisengießerei über ein Dynamowerk bis hin zur Automobilfabrik. Mehr als 20 000 Arbeiter waren insgesamt beschäftigt. Für sie entstanden riesige Arbeitersiedlungen – „Großsiedlungen der Moderne", die heute zum UNESCO-Weltkulturerbe zählen. Sehr gut zu sehen sind die Bauten an der Mäckeritz- oder der Goebelstraße. Insgesamt leben heute 12 700 Menschen im Spandauer Ortsteil **Siemensstadt.** Die alten Industriebauten mit ihren roten Klinkerfassaden sind schon weithin sichtbar, werden aber inzwischen auch von öffentlichen Einrichtungen wie der Agentur für Arbeit genutzt. Der Industriestandort wurde ausgebaut mit dem Kraftwerk Reuter West, dem BSR-Müllheizkraftwerk oder dem Klärwerk Ruhleben. Auch BMW kam mit einem Motorradwerk nach Spandau, dort arbeiten rund 2 200 Menschen.

Luftfahrtstandort Staaken

Staaken ist der westlichste Ortsteil von Spandau, der von 1951 bis 1990 zwischen DDR und Westberlin geteilt war und jetzt wieder ganz zu Berlin gehört. Von 1916 bis 1948 befand sich hier ein Militärflugplatz mit einer interessanten Geschichte. 1915 erwarb die *Zeppelin Luftschiffbau GmbH* ein Gelände, auf dem sie auf Anordnung des Kriegsministeriums eine Zeppelinwerft errichtete. Insgesamt wurden von 1916 bis 1918 zwölf Luftschiffe gebaut. 1919 verkehrte eine regelmäßige Luftschiffverbindung von Berlin-Staaken nach Friedrichshafen am Bodensee mit insgesamt 103 Abflügen.

Mit dem Versailler Vertrag 1920 musste der militärische Flugbetrieb in ganz Deutschland eingestellt werden. Zivilflugzeuge flogen hier aber weiter, so gab es 1922 einen Linienverkehr nach London, der später nach Tempelhof verlegt wurde. Staaken wurde zum Trainingsflugplatz der Lufthansa. 1938 gab es noch einmal ein Großereignis, als eine *Focke-Wulf FW 200 Condor* als erstes landgestütztes Passagierflugzeug von Staaken nach New York flog.

1923 gründeten sich die Großfilmwerke Staaken, 1925/26 drehte Fritz Lang in den alten Zeppelinhal-

Die Spandauer Altstadt lädt zum Bummeln ein

len einen Teil seines monumentalen Stummfilms *Metropolis* und später auch *Mata Hari*.

Nach dem Zweiten Weltkrieg machten die Sowjets aus dem Gelände einen Militärflugplatz. Heute steht auf dem ehemaligen Flugfeld eine riesige Solaranlage, der Rest ist Industriegebiet. Allein die Verwaltungsgebäude der Zeppelinwerke (Brunsbüttlerdamm 447) und der Zeppelin Tower (Am Zeppelinpark 27) sind noch zu sehen. Die ehemalige Mitarbeitersiedlung *Neu Jerusalem* (Döberitzer Weg) des Architekten Erwin Gutkind steht als Großsiedlung der Moderne unter Denkmalschutz.

Sehenswertes

★ Zitadelle Spandau

Bedeutendste Festung der Hochrenaissance in Europa. 1594 an der Stelle der ehemaligen Burg Spandow errichtet. Umgeben von einem Festungsgraben und mit dem Juliusturm verbunden, der schon Anfang des 13. Jahrhunderts entstand und somit das älteste Gebäude von Berlin ist. In den Räumen des Kommandantenhauses wird eine Ausstellung zur Geschichte von Burg und Festung gezeigt. Im Zeughaus befindet sich das Stadtgeschichtliche Museum Spandau. Zahlreiche Open-Air-Veranstaltungen locken die Besucher im Sommer an. Im Winter sind die alten Gewölbe Fledermausquartier für 10 000 Tiere.

Am Juliusturm 64 |
www.zitadelle-berlin.de | Führungen zu den Fledermäusen: www.bat-ev.de

St.-Nikolai-Kirche

Die dreischiffige gotische Hallenkirche stammt aus dem 14. Jahrhundert. Während der napoleonischen Eroberungsfeldzüge gab es rund um die Kirche heftige Kämpfe, eine eingemauerte Kanonenkugel in der Fassade erinnert daran. Vor der Kirche steht das Denkmal des brandenburgischen Kurfürsten Joachim II., der hier zum lutherischen Glauben übertrat. *Spandovia Sacra* – Heiliges Spandau, unter diesem Motto steht das kleine Kirchenmuseum neben der Kirche (Reformationsplatz 12). Zur In der Weihnachtszeit findet rund um St. Nikolai ein sehr schöner historischer Weihnachtsmarkt statt.

Reformationsplatz |
www.nikolai-spandau.de |
Kirche offen Mo–Sa 12–14 und So nach dem Gottesdienst |
Museum: Fr–So 15–18 Uhr

Fort Hahneberg

Fort Hahneberg in Staaken am Westrand von Spandau fungierte als vorgelagerte Festung der Zitadelle. Die Fortanlagen wurden so in den Berg versenkt, dass sie von außen kaum zu erkennen sind. Es war das letzte Fort im deutschen Kaiserreich, gebaut 1888. Nach dem Ende des Zweiten Weltkriegs dienten die Ziegelsteine des Gebäudes teilweise als Baumaterial für den Wiederaufbau Berlins, später lag das Gelände nahe dem Mauerstreifen und die Natur eroberte sich das Areal zurück.

Der Hahneberg ist ein 15 000 Quadratmeter großes Natur- und Landschaftsschutzgebiet mit Wanderwegen. Geführte Wanderungen bietet die Naturschutzstation Hahneberg an.

Fort Hahneberg: Hahnebergweg 50 |
www.forthahneberg.de
Naturschutzstation Hahneberg:
Heerstr. 549 |
www.naturschutzstation-hahneberg.de

Praktische Tipps

Hinkommen

Bahn: Der Bahnhof Spandau ist ein Verkehrsknotenpunkt. ICEs und ICs halten hier, Regionalzüge fahren nach Berlin und ins Umland, die S-Bahn fährt im 10-Minuten-Takt Richtung Berlin, die U-Bahn alle 5 Minuten.
Bus: Ab S+U Rathaus Spandau fahren Busse in alle Ortsteile, in die Umgebung und nach Berlin.

Gut zu wissen

Touristinfo im Gotischen Haus
Ältestes erhaltenes Bürgerhaus von Berlin mit Kunstausstellungen, stadtgeschichtlichem Museum und Touristinformation für Spandau.
Breite Straße 32 | 13597 Berlin-Spandau | www.visitspandau.de | Mo–Sa 10–17 Uhr

Gut gebettet

Himmel und Havel
Sehr schön am Wasser gelegen, direkt neben der Fähre Hakenfelde-Tegelort. Modern-familiäres Hotel, Restaurant mit großer Terrasse, Brunch am Sonntag, kostenlose Parkplätze am Haus, Floßverleih und Spielplatz nebenan.
Aalemannufer 31 | www.himmel-und-havel.de | €€

Centrovital
Top-Hotel in der ehemaligen Schultheiss-Brauerei, wunderschöne Wasserwelt mit Spa, Wellness und Sportclub, Restaurant *emil's*, Bar & Bistro *La Havanita*.
Neuendorfer Straße 25 | www.centrovital-berlin.de | €€€

Klein-Venedig ist ein guter Startpunkt für Kajak- oder Bootstouren (▸ Seite 70)

Von Suppe bis Torte

Brauhaus Spandau

Gasthausbrauerei mit Hotel, zwölf hausgebraute Biere wie das Spandauer Havelbräu, großer Sommergarten, Brauereiführungen.

Neuendorfer Straße 1 |
www.brauhaus-spandau.de

Restaurant Stilbruch

Gehobenes Restaurant auf der Insel Eiswerder in einem Fachwerkhaus mit Terrasse am Wasser. Das Richtige für einen besonderen Abend, regional-saisonale Küche. | Mi-So 15–22 Uhr

Eiswerderstraße 22 |
www.stilbruch-restaurant.de |

Konditorei Fester

In der Altstadt von Spandau, Familienbetrieb seit 1926. Eiscreme, Torten, feinste Kuchen, alles sehr lecker, im Café oder zum Mitnehmen.

Markt 4 | www.konditorei-fester.de

Florida Eis *green* Café

Seit 1927 wird hier köstliches Eis zubereitet – aus besten Zutaten und inzwischen sogar CO_2-neutral. Florida Eis verfolgt eine nachhaltige Strategie, möchte u. a. auch Plastikmüll reduzieren. Leckere Eisbecher, Latte Macchiato, Crepés oder Waffeln gibt es das ganze Jahr.

Klosterstraße 15 |
www.floridaeis.de

Kaufen & stöbern

Musicland Berlin

Einer der ältesten und besten Plattenläden in Berlin, außerdem CDs, DVDs, VHS, Hörbücher.

Klosterstraße 12

Dorotheenstädtische Buchhandlung

In der Spandauer Altstadt an der Nikolaikirche. Individueller Buchladen, kompetente und freundliche Beratung, große Auswahl zum Stöbern, Lesungen.

Carl-Schurz-Straße 53 |
dorotheenstaedtische-buchhandlung.de

Aktiv & sportlich

Spandau ist eine beliebte Wassersportdestination mit zahlreichen Segelclubs, Marinas und Bootsverleihern. Für jeden Geschmack ist etwas dabei. Eine kleine Auswahl:

Berlin Piratas

Verleih von Kanus, Kajaks, Kanadier, Flößen oder SUPs, auch geführte Touren.

Heerstraße 199 b |
www.berlin-piratas.de

whatSUPberlin

Shop, Verleih, Kurse, SUPs, Foil Surfing, Surf Skate boards.

Scharfe Lanke 109/131 |
www.whatsupberlin.de

Mimikus Bootsverleih

Am Pichelswerder. Verleih von Motorbooten, Jetski, Partyboote, Kajütboote, Boards für Stand-up-Paddeln, Grillboote.

Siemenswerderweg 29 |
vwww.mimikus-bootsverleih.de

Schiffsausflüge

Reederei Lüdicke

City-Fahrt, 7-Seen-Rundfahrt, Tour rund um die Pfaueninsel, kleine Havelseenfahrt, abendliche Wannseefahrt, Sonderfahrten.

Breite Straße 9 | www.ms-heiterkeit.de

Die Berliner Mauer
Radweg mit Geschichte

Von 1961 bis 1989 trennte die Berliner Mauer zwei Staaten. Die DDR mit Berlin (Hauptstadt der DDR) und Westberlin, welches auf 160 km komplett eingemauert war.

Mehr darüber erfährt man auf dem 28 Kilometer langen **Mauerweg** in Spandau – einem schönen, grünen Radweg mit vielen Informationstafeln sowie originalen Mauerstücken.

Kaum noch nachzuvollziehen ist, dass es entlang dieser Strecke früher nicht nur die Grenzanlagen mit mehreren Mauern, sondern auch den Schießbefehl gab. 140 Menschen fanden so an der Berliner Mauer den Tod. Die Westberliner konnten zwar auf den Transitstrecken oder per Flugzeug die Stadt verlassen, für einen Tagesausflug oder Urlaub in der DDR brauchte man aber ein Visum, das nicht immer erteilt wurde. DDR-Bürgern war es bis zur Rente normalerweise nicht erlaubt, in den Westen zu reisen. In Spandau erstreckte sich die Mauer am westlichen Rand des Bezirks komplett von Nord nach Süd.

Eine Besonderheit stellten die drei Spandauer Exklaven in der DDR dar. Um die Laubenkolonien Fichtewiese und Erlengrund sowie die drei Bauerngehöfte in Eiskeller zu erreichen, musste man streng gesicherte Zugänge passieren.

Am Mauerradweg – Stelen erinnern an die Westberliner Exklave Eiskeller

Gatow und Kladow

Gatow und Kladow waren einmal zwei selbstständige Dörfer, gehören heute als Ortsteile aber zu Spandau.

Die ehemaligen Dorfkerne mit ihren Kirchen kann man noch sehr gut erkennen. Ansonsten sind beide Orte durch viele Neubauten dicht zusammengewachsen.

Gatow verfügt über drei Badestellen an der Havel, **Kladow** hat ein schönes Gutshaus mit Park, einen Fähranleger mit Promenade und nette Restaurants. Im klaren **Groß Glienicker See,** der westlich an Kladow grenzt, kann man auch wunderbar baden.

Teil der Ortsgeschichte ist der Militärflugplatz Gatow, welcher heute vollständig in Kladow liegt. Im Zuge der Aufrüstung der Wehrmacht nahm er 1935 seinen Betrieb auf, hier waren die Luftkriegsschule und -akademie untergebracht. 1945 wurde der Flugplatz von der Roten Armee übernommen. Doch die britische Besatzungsmacht bestand auf einem eigenen Flugplatz, wie die Amerikaner in Tempelhof und die Franzosen in Tegel. So kam es 1951 zu einem Gebietsaustausch mit der Sowjetzone. Große Teile von Staaken und den Staakener Flugplatz bekamen die Sowjets. Im Gegenzug erhielten die Briten Teile von Groß Glienicke und den Flugplatz Gatow. 1994 wurde dort der Flugbetrieb der Royal Air Force eingestellt. Auf dem Flughafengelände entstand ein militärhistorisches Museum. Ein Teil der heute modernisierten Gebäude gehört zur General-Steinhoff-Kaserne, die dort auch eine Bundeswehrfachschule (BwFachS) betreibt. Der Rest der britischen Kasernen wurde zu Wohnungen umgebaut.

Von Kladow kann man mit der Fähre nach Berlin-Wannsee übersetzen

Militärhistorisches Museum Gatow

Das Museum auf dem Gelände des ehemaligen Militärflugplatzes Gatow zeigt eine luftfahrtgeschichtliche Sammlung der Bundeswehr sowie die Geschichte des unter Denkmalschutz stehenden Flugplatzes. Im Hangar 3 sowie im Towergebäude gibt es aktuell wechselnde Ausstellungen.

Am Flugplatz Gatow 33 | 14089 Berlin-Gatow | www.mhm-gatow.de | Di–So 10–18 Uhr

Landhausgarten Dr. Fraenkel

Der Landhausgarten wurde Ende der 1920er-Jahre als Privatgarten der jüdischen Familie Fraenkel von dem Berliner Stadtgartendirektor Erwin Barth angelegt. Nach langer Fremdnutzung mit EU-Mitteln saniert, ist das Gartendenkmal seit 2016 wieder öffentlich zugänglich. Inzwischen gibt es an den Wochenenden auch ein kleines Sommercafé im Garten.

Lüdickeweg 1 | 14089 Berlin-Kladow | Apr.–Okt. Mo–Do 8–14, Fr–So mit Café 10–18 Uhr, Führungen So 12 Uhr

Hinkommen

Bus: Aus Berlin-Spandau mit den Linien X34, 134 und 135
Fähre: BVG-Fähre F10 stündlich zwischen Kladow und Wannsee

Gut gebettet

Kapitäns Kajüte
Hotel in Gatow direkt an der Havel mit Bootsanleger. Anspruchsvolles Restaurant mit regionaler Küche, Terrasse. Nicht billig, aber lecker.

Alt-Gatow 23 | www.kapitaenskajuete.de | €€€

Von Suppe bis Torte

Bootshaus Kladow
Idyllische Lage am Südostufer des Groß Glienicker Sees. Restaurant mit großem Biergarten, Musikveranstaltungen, Bootsverleih, Liegewiese, Badestrand mit Kiosk.

Verlängerte Uferpromenade 21 | www.bootshaus-kladow.de

Gutshaus Neukladow
Auf einer Anhöhe, hoch über der Havel, liegt das schön sanierte Gutshaus umgeben von einem Park. Hier finden regelmäßig Kultur- und Musikevents statt. Im Restaurant gibt es regional-saisonale Gerichte, auch Kaffee und Kuchen. Im Sommer mit großer Terrasse.

Neukladower Allee 9–12 | www.gutshausneukladow.de

Kaufen & Stöbern

Miniberliner
Geschenkemanufaktur mit Geschenkeladen, süße Täschchen, kleine Seifen, Kosmetik, Karten, Geschenke für jeden Anlass, mit Onlineshop (www.wunderbox-shop.de). Vor Ort stöbern oder Geschenkebox exklusive anfertigen lassen.

Kladower Damm 338 | Fr 11–18 Uhr

Aktiv & sportlich

Marina Lanke
Bootsliegeplätze, Vermietung von Haus- und Sportbooten, Segelschule, Bootsführerschein, Wohnmobilstellplatz, Hafenbistro, Hafenrestaurant Da Peppe.

Hafen Kladow | Imchenplatz | www.marina-lanke.de

Ländchen Glien

Das Ländchen Glien ist ein größeres Plateau gleich nordwestlich von Spandau.

In der Mitte des Ländchens liegt der **Krämer,** ein 15 Kilometer langes Waldstück, durch das früher die Poststraße nach Hamburg verlief. Umgeben ist der Krämerwald von einem Kranz aus 14 Dörfern.

Dazu zählen die sehenswerten Angerdörfer **Grünefeld, Paaren, Pausin** und **Wansdorf.** „Glien" bedeutete im Slawischen Ton oder Lehm. Da die Region sehr reich an derartigen Vorkommen war, hängte man mehreren Orten diesen Namen an. Früher erstreckten sich rundherum große Sümpfe und Moore, die zum Teil unter Wilhelm I. trockengelegt wurden. 1654 ließ Kurfürst Friedrich Wilhelm die erste Straße auf dem ehemaligen Pilgerweg nach Wilsnack anlegen. Das ausgedehnte Waldgebiet ist heute sehr schön zum Wandern, neben dem Krämerwald gibt es in der Siedlung **Schönwalde** auch den liebevoll angelegten Waldwichtelpfad, einen 5 km Trimm-Dich- und Naturlehrpfad. Ein Teil des Ländchens gehört schon zum Landkreis Oberhavel.

Stägehaus

Hübsches, kleines Bauernmuseum mit Café und traditionellem Holzbackofen. Das Stägehaus aus dem Jahr 1678, ein typisch havelländisches Mittelganghaus mit Fachwerk und Lehm, wurde in acht Generationen von der Familie Stäge bewohnt. Ausstellung über das Buttermachen.

Hauptstraße 35 | 14621 Schönwalde-Glien (OT Paaren im Glien) | Do–So 10–17 Uhr

Kulturmühle Perwenitz

Restaurierte alte Industriemühle, zunächst mit Künstlerateliers gestartet, ist es heute ein etablierter Kunst- und Kulturort mit regelmäßigen Ausstellungen und Veranstaltungen sowie dem Café Silo.

Perwenitzer Dorfstr. 1 | Ortsteil Perwenitz | www.kulturmuehle-perwenitz.de | Mai–Mitte Okt. Sa 13–19, So 11.30–18 Uhr

Erlebnispark Paaren

Großer Erlebnispark für die ganze Familie mit vielen Sonderveranstaltungen wie der *Brandenburgischen Landwirtschaftsausstellung (BraLa)* oder dem *Pferdesommer.* Regionale Gastronomie, Braumanufaktur, Wasserspielplatz und Arche-Haustierpark.

Gartenstraße 1–3 | Ortsteil Paaren im Glien | www.erlebnispark-paaren.de | Feb.–Nov. Di–So 10–16 Uhr

Esel-Freunde im Havelland e. V.

Auf den Esel gekommen sind einige in den letzten Jahren. Doch wie damit umgehen? Manche schaffen es nicht, dann kommen die Langohren nach Paaren zu den Eselfreunden, die ihnen ein glückliches, wesensgerechtes Leben bieten. Hier kann man auch einen Eselführerschein oder Grundlagenkurse zur Haltung ablegen, besonders beliebt sind Eselwanderungen für die ganze Familie.

Gartenstraße 9 | Ortsteil Paaren im Glien | www.esel-freunde.de

Hinkommen

Bus: Linie 671 von Rathaus Spandau über Schönwalde-Glien, Pausin und Paaren-Glien.

Gut zu wissen

Tourist-Info-Punkt Schönwalde-Dorf
Informationen zu Wanderrouten, Unterkünften und Aktivitäten.
Dorfstraße 7 | Ortsteil Dorf |
Di/Mi 15–17, Do 15–21, Sa 10–12 Uhr

Gut gebettet

Landgut Schönwalde
Sehr schönes Landhotel mit individuell gestalteten Zimmern, Landküche – radikal regional, auch mit Küchenpartys, Reitakademie und Pferdeparadies. Ruhige Lage mit Käuzchenkino, perfekt zum Seele baumeln lassen. Im Sommer auch Veranstaltungen im Biergarten, absolut empfehlenswert.
Dorfstraße 31 | Ortsteil Dorf |
www.daslandgut.de | €€

Waldschule Pausin
Südlich des Krämerwalds gelegen, mit Waldschulzimmer, Abenteuerspielplatz, Tiergehege, Hofladen und gemütlichen Gästezimmern. Erlebnispfad zum „grünen Klassenzimmer". Regelmäßig Veranstaltungen.
Am Anger 18a | Ortsteil Pausin |
www.waldschule-pausin.de | €

Von Suppe bis Torte

Gasthof Schwanenkrug
Ehemalige Poststation auf der Strecke Spandau-Hamburg. Schönes Fachwerkhaus, seit 1784 Gasthof. Regionale Küche, Biergarten, Kaminzimmer, schöner alter Tanzsaal, Disco. Am Haus beginnt der Wanderweg *Waldwichtelpfad*.
Berliner Allee 9 | Ortsteil Siedlung |
www.schwanenkrug.com

Der Pferdesommer ist eine beliebte Veranstaltung im Erlebnispark Paaren

Falkensee

Westlich von Spandau liegt umgeben von Wald und Wiesen die Stadt Falkensee.

Falkensee ist zwar verwaltungstechnisch eine Stadt mit rund 44 800 Einwohnern, ähnelt aber mehr einer riesigen Vorstadtsiedlung, die überwiegend aus Einfamilienhäusern besteht. Seit der Maueröffnung hat sich in Falkensee die Einwohnerzahl verdoppelt, auch dank der guten Bahnverbindung nach Berlin.

1923 wurden die Orte Seegefeld und Falkenhagen zur Stadt Falkensee zusammengelegt. Zur DDR-Zeit lag Falkensee direkt an der Mauer, war Industriestandort mit Landmaschinenbau und Transformatorenwerk. Nach der Wende zog es viele Berliner nach Falkensee, denn hier war das Bauland günstiger als in der nahen Metropole. Ein richtiges Stadtzentrum gibt es nicht, nur an der Bahnhofstraße ein paar Läden und Lokale.

Sehenswert sind das **Museum** und die **Galerie Falkensee.** Schön ist die grüne Umgebung mit dem Falkenhagener See und dem Bredower Forst. Zwischen Falkensee und Brieselang kann man auf dem **Naturpfad Bredower Forst** Entdeckungen machen. An der Kulmbacher Straße am Scheinwerferberg erstreckt sich eine **Binnendüne** in den Falkenhagener Alpen.

Museum und Galerie Falkensee
Museum zu Natur und Geschichte des Havellandes und der Stadt Falkensee sowie Kunstausstellungen.
Falkenhagener Straße 77 |
14612 Falkensee |
www.museum-galerie-falkensee.de |
Di/Mi 10–16, Do/Sa/So 14–18 Uhr

Kirche und See am Falkenhagener Dorfanger in Falkensee

Hinkommen

Bahn: RE 2 sowie RB 10 und 14 mehrmals stündlich ab Berlin Hbf

Gut gebettet

Hotel Kronprinz
Jugendstilvilla von 1890, schön saniert. Zimmer im Boutiquestil. Restaurant mit klassischer Berliner und Brandenburger Küche.
Friedrich-Engels-Allee 127 |
www.hotel-kronprinz.de | €€

Von Suppe bis Torte

Edmond's Hexenhaus
Außergewöhnliches Haus mit Entdeckungsfaktor vom Turmstübchen bis zum Biergarten. Provenzalische Küche mit regionalem Einschlag, gehobenes Ambiente, preiswerter Mittagstisch.
Poetenweg 88 |
www.hexenhaus-falkensee.de | Mi–So

Bäcker-Café Gotthilf's
1926 von Gotthilf Thonke in Rathenow gegründet, heute 450 Mitarbeiter, einige Filialen. Hier schönes Café mit Terrasse am Rathausplatz. Riesige Auswahl an Broten, Brötchen, Kuchen, Torten und leckeres Frühstück.
Falkenhagener Straße 22 | www.thonke.de
tgl. geöffnet

Kaufen & stöbern

Hofladen Falkensee
Landwirtschaftlicher Familienbetrieb knapp außerhalb von Falkensee. Alles aus Bauernhand: Obst, Gemüse, Eier, Honig, Fruchtaufstriche, Milchprodukte, auch Fleisch.
Dallgower Straße 1 |
www.hofladen-falkensee.de | täglich

Brieselang

Naturnah zwischen Havelkanal und dem schönen Nymphensee gelegen, ist Brieselang ein begehrter Wohnort.

Auch Brieselang hat seine Einwohnerzahl nach der Wende verdoppelt. Kurz nach dem Mauerfall gab es in der landschaftlich sehr schönen Gegend erschwingliche Grundstücke. Doch Brieselang ist überschaubar geblieben, man kann sogar von Landidyll sprechen. Im Westen erstreckt sich schon der Nauener Stadtforst mit dem Bussewall aus dem 8. Jahrhundert, im Norden liegt der Brieselanger Wald und südöstlich der Bredower Forst mit dem idyllischen **Nymphensee,** wo man hervorragend baden kann.

Sehenswert ist der **Märkische Künstlerhof** mit wechselnden Kunstausstellungen aus dem Bestand der eigenen Sammlung, die mehr als 3 000 Objekte umfasst, darunter Werke von Dix, Picasso, Grosz und Penck. Einen Schwerpunkt bildet die politische Grafik der DDR. Auf dem Hof hat außerdem der Keramiker Renée Dressler von Martens sein Atelier.

Märkischer Künstlerhof
Ständig wechselnde Ausstellungen von Künstlern des 20. und 21. Jahrhunderts. Jeden ersten Sonntag im Monat *Kunst & Kochen* mit der Gastronautin.
Platz des Friedens | 14656 Brieselang |
www.maerkischer-kuenstlerhof.de |
Fr–Sa 14–20, So bis 18 Uhr

Verbindungen

Bahn: RB 10 und 14 und RE 2 und 8, mehrmals stündlich

Der Havelkanal

Eingesäumt wird Brieselang durch den Havelkanal. Er ist 34 Kilometer lang und führt von Nieder Neuendorf bis nach Paretz, dort trifft er auf den Sacrow-Paretzer-Kanal.

1951 wurde der Bau der als „Kanal des Friedens" bezeichneten Wasserstraße von der DDR-Regierung in Auftrag gegeben. Man wollte das Stadtgebiet von Berlin und insbesondere auch dessen Westteil umfahren, zudem war die bisherige Schifffahrtstraße mit der Spandauer Schleuse für Tausendtonner zu klein. Durch den Bau des Havelkanals verkürzte sich der Weg zwischen Oder und Elbe um neun Kilometer.

Schon 1952 konnte der Kanal eingeweiht werden. In Anbetracht der schwierigen Arbeitsbedingungen während der Nachkriegszeit war dies eine besondere Leistung. So standen nur veraltete und reparaturbedürftige Baumaschinen zur Verfügung, auch war nötiges Baumaterial knapp bemessen. Insgesamt waren 1 500 Arbeiter und 16 Schwimmbagger im Einsatz.

Eine Schleuse wurde in Schönwalde gebaut, sie überwindet einen Höhenunterschied von zwei Metern. Nach der Wende wurden neue Brücken errichtet. Heute wird der Havelkanal jährlich von circa 4 000 Schiffen befahren. Die Zahl hat sich in den letzten zwanzig Jahren halbiert, trotzdem wurde mit dem Ausbau der sanierungsbedürftigen Bundeswasserstraße begonnen.

Von Suppe bis Torte

Landhotel und Restaurant Siedlerstübchen
Gemütliches Haus, einfach und preiswert. Im Restaurant regionale, gutbürgerliche Küche, große Eiskarte. Eine Besonderheit sind die Wildabende im Herbst: frisches Wild aus heimischen Wäldern, sehr gut zubereitet.
Karl-Marx-Straße 113 |
www.hotel-brieselang.de | €

Kaufen & stöbern

Villa Gumpel – Vier Jahreszeiten Brieselang
Erlebnislocation mit Markttreiben: Hier findet man schöne Dinge im Shabby-, French- und Nordicstil, Antikes und Pflanzen, dazu Theater- und Musikveranstaltungen.
Wustermarker Allee 37 |
www.vier-jahreszeiten-brieselang.de |
Do–Sa

Aktiv & sportlich

Waldbad Nymphensee
Wirbt mit dem Slogan „Einer der saubersten Seen in Brandenburg", idyllisch gelegen im Wald. Nymphencafé, Herberge, Biergarten, Sandstrand und Liegewiese, Nichtschwimmerbereich, FKK, Volleyball, Tischtennis, Tauchclub, Parkplatz direkt am See.
Finkenkruger Straße |
www.nymphensee-brieselang.de |
Apr.–Mitte Okt.

Wustermark und Elstal

Wustermark ist ein Drehkreuz, sowohl für den Eisenbahn-, als auch für den Autoverkehr. Schon im 17. Jahrhundert hielten dort die Postkutschen.

1871 entstand hier der erste Bahnhof als Station auf der Strecke Berlin–Lehrte. 1907 eröffnete im Ortsteil Elstal der Verschiebebahnhof, heute Rangierbahnhof Wustermark. Bis zum Ende des Zweiten Weltkriegs war Elstal einer der modernsten Bahnhöfe Deutschlands mit 1 200 Mitarbeitern. 1928 entstand eine große Eisenbahnersiedlung. Viele der alten Gebäude stehen heute unter Denkmalschutz.

Seit der Jahrtausendwende sind etliche Logistikzentren entstanden. Das größte ist das Güterverkehrszentrum (GVZ) mit 4000 Arbeitsplätzen.

Hinkommen

Bahn: Die zwei Bahnhöfe Wustermark und Elstal werden stündlich durch den RE 4 (ab Spandau) und RE 21 (ab Berlin-Gesundbrunnen) angefahren.

Von Suppe bis Torte

Spargelland Hoppenrade
Im Hofladen gibt es je nach Saison Spargel, Süßkirschen, Erdbeeren, Kartoffeln, frische Eier, Salat und Gemüse, alles aus eigener Produktion. Spargelbistro und Erdbeercafé mit sehr leckeren und preiswerten Gerichten.

Knoblaucher Weg 8k | OT Hoppenrade | www.spargelland-hoppenrade.de | Hofladen: 8.30–18.30, Spargelbistro: 10–19 Uhr

In Karls Erlebnis-Dorf in Elstal dreht sich alles um die Erdbeere

Café im Auenhof
Schönes Ausflugsziel: gemütliches Hofgartencafé mit Genuss-Shop in einem historischen Dreiseitenhof. Das 200 Jahre alte Stallgebäude wurde liebevoll saniert. Im Hofladen gibt es Honig, Essig, Weine, Gewürze, im Café: Wraps, Hot-Dogs, Bio-Eis, Kaffee und Kuchen. Hühner, Enten und Schafe sind auch da.
Potsdamer Landstraße 11 |
OT Buchow-Karpzow | Sa/So 12–20 Uhr

Aktiv & sportlich

Karls Freizeitpark Elstal
Beliebtes Ausflugsziel für die ganze Familie mit Bauernmarkt, Manufakturen, Restaurant und Café. Abenteuerspielplatz, Traktorfahrten, Rutschen, Streichelzoo und natürlich alle Leckereien rund um die Erdbeere.
Döberitzer Heide 1 | Ortsteil Elstal |
www.karls.de | tgl. 8–18 Uhr

Kaufen & stöbern

McArthurGlen Designer Outlet
Großes, topsauberes Einkaufscenter auf der grünen Wiese, das wie ein Dorf aussieht: mit Fachwerkhäusern, Stuckfassaden, historischen Lampen. 16500 Quadratmeter, über 40 Geschäfte, ganzjährig bis zu 70 Prozent Preisnachlass, alle bekannten Marken und mehr.
Alter Spandauer Weg 1 |
www.mcarthurglen.com

Dallgow-Döberitz

Vom kleinen Dorf über einen Truppenübungsplatz bis hin zum heutigen Naturschutzgebiet – Dallgow-Döberitz hat eine interessante Entwicklung genommen.

Bis zum Jahre 1713 war Döberitz ein kleines, friedliches Dorf im Wald, dann entdeckte Soldatenkönig Friedrich Wilhelm I. es als militärsches Übungsgelände. Sein Sohn Friedrich der Große soll hier 1753 ein Manöver mit 44000 Soldaten abgehalten haben. 1895 kam es zur dauerhaften Einrichtung eines Truppenübungsplatzes und dem Bau einer Kommandantur unter Kaiser Wilhelm II. Die Heerstraße baute man von Berlin bis nach Döberitz als Paradestraße aus, alle Bewohner des Dorfes Döberitz mussten ihre Häuser räumen.

Nach dem Zweiten Weltkrieg siedelten sich wieder Menschen an, doch dann enteignete man die Einwohner im Rahmen der Bodenreform. Das Land wurde an Neubauern verteilt, bevor man 1957 auch die enteignete. Die Sowjetarmee übernahm das Gelände als Übungsplatz und auch das **Olympische Dorf,** was damals noch zu Dallgow gehörte. Dort hausten die einfachen Soldaten im Gegensatz zu den sowjetischen Offizieren unter teils unwürdigen Bedingungen.

1991 endete die militärische Nutzung. Als die „Russen" 1994 abzogen, gab es nur noch heruntergekommene Gebäude. Wegen Munitionsrückständen war das Gelände gesperrt. Die Bundeswehr nutzt heute auf 600 Hektar den südwestlichen Teil weiter, den Rest kaufte die *Heinz Sielmann Stiftung*. Das Olympische Dorf kam verwaltungstechnisch zu Elstal. So ist von den Döberitzern nur der Name in der Heide geblieben.

Hinkommen

Bahn: Von Berlin RB 10 oder RB 21, RE 2 oder RE 4 nach Dallgow-Döberitz oder Elstal.

Das Olympische Dorf
Eine scheinbare Weltoffenheit

Von 1934 bis 1936 wurde das Olympische Dorf im heutigen Elstal, früher Dallgow, errichtet.

Für die Nationalsozialisten war die Olympiade ein Prestigeobjekt, das vor allem Macht, aber auch Weltoffenheit demonstrieren sollte, die es im Land längst nicht mehr gab.

Für die Sportler wurde außerhalb Berlins das Olympische Dorf mit über 140 Wohngebäuden, einer Sporthalle, einem Ärzte- und Krankenhaus sowie Speisesälen errichtet. Am besten erhalten sind heute das *Speisehaus der Nationen* mit 38 Speisesälen auf drei Etagen, die Turnhalle, die Schwimmhalle und einige Mannschaftsunterkünfte. Nach den Olympischen Spielen nutzte die Wehrmacht das Gelände, nach 1945 die Rote Armee. Danach verfielen die Gebäude. Heute steht das ganze Gelände unter Denkmalschutz. Große Teile um das Speisehaus sind inzwischen saniert worden, es entstand ein neues attraktives Wohnviertel mit Eigentums- und Mietwohnungen. Im Speisehaus der Nationen befindet sich eine interessante Ausstellung zur Entstehung und zur Nachnutzung des Olympischen Dorfs.

Speisehaus der Nationen | Jesse-Owens-Ring | Ortsteil Elstal | Anmeldung zur Führung: Tel. (03 32 34) 8 62 77 | www.historia-elstal.de | jeden 2. Samstag 11 Uhr

Das Olympische Dorf ist ein begehrtes Wohnquartier für junge Familien

Eine einzigartige Naturlandschaft: die Döberitzer Heide

Gut gebettet

Landguthotel Pension Sperlingshof
Pension im Landhausstil, einfach, ordentlich, sauber. Restaurant, Sauna, Dampfbad, Liegewiese, Radverleih. Ideal als Ausgangspunkt für Radtouren.
Sperlingshof 28 | 14624 Dallgow | www.radreisen-radtouren-berlin-brandenburg.de | €€

Schloss Kartzow
Idealer Ausgangspunkt für Touren in die Döberitzer Heide. Wunderschönes, romantisches Schlosshotel mit großem Park. Moderner 4-Sterne-Komfort, SPA mit Sauna, Kamin-Lounge. Sehr gute, regionale Küche, Schlossmenü, Spezialität: Havelländer Apfelschwein, Fahrradverleih für Hausgäste. Direkte Busverbindung nach Potsdam.
Kartzower Dorfstraße 16 | OT Kartzow | www.schloss-kartzow.de | €€€

Sielmanns Naturlandschaft Döberitzer Heide

Das Naturschutzgebiet Döberitzer Heide ist ca. 5000 Hektar groß, davon gehören 3600 Hektar zur Naturlandschaft der Heinz Sielmann Stiftung. 2004 kaufte die Stiftung den ehemaligen Truppenübungsplatz und begann zunächst mit einer sehr aufwendigen Beräumung von militärischen Altlasten.

Danach wurden dort fast ausgestorbene Wildtierarten wie der Wisent, der Rothirsch und das Przewalski-Pferd angesiedelt. In der 1860 Hektar großen Wildniskernzone tragen die Pflanzenfresser zum Erhalt der Landschaft bei. Heute leben rund 130 Wisente, 24 Przewalski-Pferde und 100 Rothirsche dort, zusammen mit über 5500 weiteren seltenen Tier- und Pflanzenarten, darunter Lungenenzian, Sumpfknabenkraut und der fleischfressende Sonnentau sowie Wiedehopf und Seeadler.

Die Landschaft ist geprägt von offenen Sandfluren, Trockenrasen und Feuchtwiesen, aber auch von Mooren, Hute- und Niederwald. Der Rundwanderweg um die Kernzone ist 22 Kilometer lang, es gibt einige Picknickplätze. Es gibt verschiedene Einstiegsmöglichkeiten von Elstal, Dallgow, Kartzow oder Groß Glienicke.

Schön ist von Mai bis September der Wildbienenpfad, mit nur 1,1 Kilometern Länge auch bestens für kleine Kinder geeignet. Auf dem Finkenberg steht ein Aussichtsturm, 85 Meter über dem Meeresspiegel, hier hat man eine Sicht bis zum Berliner Fernsehturm.

Lange in Planung war das neue Natur-Erlebniszentrum Döberitzer Heide. Im Frühjahr 2024 soll es nun in der ehemaligen Sowjet-Kommandantur eröffnen.

Zur Döberitzer Heide 10 | Ortsteil Elstal | www.sielmann-stiftung.de

Naturschutzstation Döberitzer Heide

Der Naturschutz-Förderverein Döberitzer Heide e. V. setzt sich seit 1992 für den angewandten Arten- und Biotopschutz sowie die Landschaftspflege ein, u. a. arbeitet der eigene Landwirtschaftsbetrieb nach ökologischen Kriterien. Auf den 350 Hektar großen Schutzflächen des Vereins, in der Döberitzer Heide und im Ferbitzer Bruch wird die aktive Beweidung betrieben mit Wildpferden (Koniks), Ziegen und Heckrindern, Abbildzüchtungsversuche des ausgestorbenen Auerochsen. Im Förderverein kann man Wildpferdpate werden, ehrenamtlich mitarbeiten oder als Besucher an geführten Exkursionen teilnehmen. Es gibt Vogelstimmenwanderungen, Wild- und Heilkräuterkurse, Exkursionen zu den Wildpferden und Wanderungen mit Ziegen.

Zur Döberitzer Heide 7 | Ortsteil Elstal | www.doeberitzerheide.de

Wisente leben in der Döberitzer Heide fast wie in freier Wildbahn

Mittleres Havelland

Mittleres Havelland

Im Herzen des Havellandes liegen die sehenswerte Kleinstadt Nauen und das Birnendorf Ribbeck. Nordwestlich beginnt das von Kanälen durchzogene Havelländische Luch, südlich findet man das Fischerstädtchen Ketzin an der Havel.

Nauen

Die Funkstadt Nauen mit ihrer hübschen Altstadt liegt im Herzen des Havellands.

Schon 1186 wurde Nauen erstmals urkundlich erwähnt. Die Stadt trägt den Beinamen „Funkstadt", denn sie hat die älteste noch bestehende Rundfunksendestelle der Welt. Mitte des 19. Jahrhunderts besaß Nauen nicht nur die größte Zuckerfabrik Deutschlands, sondern war auch drittgrößter Produzent von Textilien. Heute ist es hier ruhiger geworden, doch einige Bauten aus der Gründerzeit zeugen noch vom einstigen Reichtum.

Die hübschen Altstadtstraßen sind kreisförmig um die sehenswerte **St.-Jacobi-Kirche** angelegt. Gleich daneben sieht man das imposante **Barz'sche Haus,** ein Wohn- und Geschäftshaus aus der Zeit der Jahrhundertwende. Sehr alte Fachwerkhäuser stehen in der Berg- und der Goethestraße.

Das Rathaus von 1891 liegt vor der Altstadt, noch im Originalzustand im Stil der Backsteingotik. Neu saniert wurde der historische Richart-Hof, der einzige noch erhaltene Vierseitenhof.

Nauen ist heute die flächenmäßig größte Gemeinde Brandenburgs: Zur Stadt zählen 14 Ortsteile, unter anderem Ribbeck, Groß Behnitz oder Tietzow. Gleichzeitig ist hier das Versorgungszentrum der Region mit Supermärkten, Schulen, Bahnhof und Tankstelle. Grün ist die Umgebung, auch mit dem schönen Stadtpark.

Vor den Toren von Nauen erstreckt sich ein gigantischer Windpark, im Volksmund „Nauener Platte" genannt, mit fast 200 Windkrafträdern. Doch deren Tage sind gezählt, denn sie sind in die Jahre gekommen. Ein sogenanntes Repowering, also eine Erneuerung der Anlagen, ist geplant und eine Erweiterung um 614 Hektar. Höher und größer sollen die Räder werden. Das sorgt natürlich für Kontroversen bei den Einwohnern, nicht nur weil das nördlich gelegene Havelländische Luch Durchzugsgebiet für tausende Zugvögel ist.

St.-Jacobi-Kirche

Weithin sieht man schon die St.-Jacobi-Kirche im Zentrum von Nauen. Sie wurde im ersten Drittel des 13. Jahrhunderts erbaut, der Turmunterbau stammt sogar schon aus dem 12. Jahrhundert. Heute finden neben den Gottesdiensten regelmäßig Konzerte in der Kirche statt.

Martin-Luther-Platz 1 | 14641 Nauen | www.ev-kirche-nauen.de

◄ *Die Ziegelstraße zwischen Klein Behnitz und Riewend ist eine echte Besonderheit: ein Baudenkmal von 1907*

Nauen

Gründung: 1186
Verwaltung: Stadt im Landkreis Havelland
Einwohner: 19 927 (Dez. 2022)
PLZ: 14641
Vorwahl: 0 33 21
Fläche: 268,11 km^2
Geografische Lage: 27 km nordwestlich von Potsdam, 41 km westlich von Berlin
Wirtschaft: Havelland Kliniken, Logistik, Lebensmittelindustrie, Maschinen- und Werkzeugbau, Kunststoffguss, Dienstleistungen

St.-Peter-und-Paul-Kirche

Das imposante Gebäude der katholischen Kirche wurde im Jahre 1905 erbaut, weil die alte Kirche der Gemeinde zu klein wurde.

Gartenstraße 71 | www.peter-paul-nauen.de

Rathaus Nauen

Im Originalzustand erhalten, 1891 im Stil der norddeutschen Backsteingotik erbaut. Anfangs auch Wohnung des Bürgermeisters, der zehn Prozent seines Gehalts als Miete zahlen musste.

Rathausplatz 1 | www.nauen.de

Großfunkstelle Nauen

1906 ging die Großfunkstelle Nauen für drahtlose Telegrafie in Betrieb. Initiator war der Telefunken-Ingenieur Richard Hirsch. 1911 konnte man bereits das 5 000 Kilometer entfernte Togo auf drahtlosem Wege erreichen. Seitdem wird aus Nauen gesendet. Heute sieht man mehrere Antennen, die höchste ist eine 80,5 Meter hohe Drehantenne. Seit 2008 betreibt die Firma *Media Broadcast* die Sendeanlage. Imposant ist der unter Denkmalschutz stehende Muthesiusbau mit dem riesigen Sendesaal.

Graf-Arco-Straße 154 | www.funkstadt-nauen.de | jeden 1. Mi im Monat Führungen 14–16 Uhr, Anmeldung erforderlich

Hinkommen

Bahn: RE 2 und RE 8, RB 10 und RB 14 mehrmals stündlich ab Berlin Hbf

Gut zu wissen

Richart-Hof

Tourist-Information, Kulturbüro und historisches Archiv. Letzter, historischer Vierseitenhof, schön saniert, ein Ort für Ausstellungen, Veranstaltungen.

Kulturbüro | Gartenstraße 27 | www.nauen.de

Gut gebettet

Landhaus Börnicke

Kleines 3-Sterne-Superior-Hotel direkt am Krämerwald. Fachwerkhaus aus der Zeit der Jahrhundertwende, Restaurant mit regionalen Gerichten. Tiere vor Ort: Esel, Schafe und Damwild.

Grünefelder Straße 15 | Ortsteil Börnicke | www.schlossboernicke.de | €€

Von Suppe bis Torte

Restaurant „Brot & Wein"

Sehr leckere polnische und internationale Küche, umfangreiche Karte mit Salaten, Piroggen, Burger, Eierku-

chen, Schnitzel, Kindermenü, feines Ambiente, feine Weine.
Berliner Straße 1–2 |
www.brotundweinrestaurant.de |
tgl. 11–22 Uhr

Altstadtcafé Nickel
Café/Restaurant mit Terrasse im idyllischen Innenhof. Leckere Kuchen, Torten und Eis aus eigener Herstellung. Bäcker- und Konditortradition in fünfter Generation.
Marktstraße 3 |
www.altstadt-cafe-nickel.de

Kaufen & stöbern

Theodor Körner Buchhandlung
Kleine, sehr freundliche und kompetente Buchhandlung direkt in der Altstadtmitte.
Mittelstraße 4c |
www.havelbuch.buchhandlung.de

Aktiv & sportlich

Stadtbad Nauen
Modernes Bad mit Außenbecken, Wasserrutsche und Nichtschwimmeranlagen. Wellnessbereich mit Saunagarten, Fitnesspfad. Umfangreiche Spielmöglichkeiten, Volleyball, Beach-Bar, Café.
Karl-Thon-Straße 20 |
www.stadtbad-nauen.de

Flugplatz Bienenfarm
Oldtimerflugplatz, historische Flugzeuge auf dem Boden und in der Luft, beliebt bei Familien. Zahlreiche Veranstaltungen wie Blaulichttreffen, Rundflüge, Gaststube und Biergarten (ganzjährig) mit Lesungen, Zilleabend, Martingänse.
Lindholzfarm 1 | 14641 Paulinenaue |
www.flugplatz-bienenfarm.de |
Fr–So 11–21 Uhr

Das Barz'sche Haus in Nauen schmückt ein dreistöckiger Erker

Havelländisches Luch

Im Nordwesten des Havellandes beginnt das Havelländische Luch, begrenzt durch die Autobahn A 24 im Norden und Nennhausen im Westen. Ein Paradies für Gänse, Kraniche und Großtrappen.

Die Gegend ist sehr dünn besiedelt, von Kanälen durchzogen, dazwischen liegen Felder und Wiesen. Es ist das Land der Kraniche. Tausende sieht man im Herbst auf den Feldern. Abends fliegen sie in ihre Quartiere Richtung Linum über die Autobahn. Nördlich von Utershorst gibt es einen Kranichbeobachtungsturm.

Noch zur Zeit des Dreißigjährigen Kriegs war hier kein Durchkommen, die Gegend bestand nur aus Mooren und Sumpf. Viele Feldherren umgingen deshalb das Luch. Der Soldatenkönig Friedrich Wilhelm I. begann 1720 mit der Trockenlegung. Das gewonnene Land war ideal für die Weidewirtschaft mit saftigen Wiesen. Auf den erhöhten Sandkuppen standen Gehöfte und später Dörfer, die auch „Horste" genannt wurden. Der König selbst sah gern von einem der Hügel bei den Arbeiten zu, diese Erhebung nannte man später „Königshorst".

1732 wurde in Nordhof eine „Lehranstalt für Butter- und Käsebereitung" erbaut – die "Butterakademie". Nach holländischem Vorbild sollte hier die Zubereitung von Butter und Käse gelernt werden. Als Lehrer holte man Siedler aus den Niederlanden nach Preußen. Im heutigen **Königshorst** sind noch das Pfarrhaus, ein Gutshaus und der Dorfkrug aus dieser Zeit erhalten. Wissenswertes über die Butterakademie erfährt man auf dem Kolonistenhof Großderschau (► Seite 171).

Üppige Gartenpracht vor einem Bauernhaus in Kuhhorst

Tietzow am Rande des Havelländischen Luchs ist ein typisches Angerdorf

Friedrich II. setzte später das Werk seines Vaters fort. 1779 war das Luch vollständig trockengelegt. Bis 1925 wurde dort Torf abgebaut, dann erfolgte bis 1969 extensive Landwirtschaft. Ab 1970 pflanzte man Saatgras mit viel Dünger. Erst nach der Wende konnte sich das Land erholen und wurde wieder zu Grünland für die Weidewirtschaft.

Eine Besonderheit ist das **Großtrappenschutzgebiet** im Havelländischen Luch (▶ Seite 16), eingerahmt von den Orten Buschow, Barnewitz, Garlitz und Buckow. Im Frühjahr zur Trappenbalz gibt es Führungen, außerdem zwei Beobachtungstürme bei Garlitz.

Kuhhorst

Kleines Ökodorf mit Behindertenwerkstätten und Landwirtschaft. Café, Hofladen und *Dorfkrug* mit Pension. Einfach, jung und freundlich, mit Haustiergehegen. Weihnachtsgeflügel. Erntedankfest, Osterfeuer, Maifest und andere Veranstaltungen können im Kuhhorst mit Shuttlebus von Nauen besucht werden.

Hofladen: Dorfstraße 9 | 16818 Fehrbellin Do–So 11–17 Uhr |
Dorfkrug: Dorfstraße 13 |
www.diekuhhorster.de | Mi–Fr ab 18

Ziegenkäserei und Wiesencafé Karolinenhof

Nicht weit von Kuhhorst, beliebter Ort für Familien. Ziegenhof von Gela Angermann mit 113 Ziegen und drei Böcken. Hofführungen, Streichelgehege und tolles Wiesencafé mit leckeren Gerichten, besonders zu empfehlen ist der Ziegenkäsekuchen. Im Hofladen 20 verschiedene Rohmilchkäsesorten, Schnittkäse, Souvenirs rund um die Ziege. Im März und April kann man kleine Zicklein sehen.

Karolinenhof 1 |
16766 Kremmen (OT Flatow) |
www.ziegenkaeserei-karolinenhof.de |
Mitte Feb.–Mitte Nov. Fr–So geöffnet

Ribbeck

Ribbeck ist der bekannteste Ort im Havelland. Schuld daran ist das Gedicht von Theodor Fontane über den Birnbaum des Herrn Ribbeck von Ribbeck.

Das kleine Dorf kurz hinter Nauen ist Anziehungspunkt für viele tausend Besucher. Es hat ein Schloss, ein Schulmuseum, die Alte Brennerei und mehrere Gaststätten. Das Wichtigste aber ist der Birnbaum neben der Kirche, inzwischen der dritte. Reste des Originals kann man aber noch in der Kirche besichtigen.

Die von Ribbecks sind ein märkisches Uradelsgeschlecht, erstmalig 1237 erwähnt. Der letzte Herr auf dem Schloss war Rittmeister Hans von Ribbeck, ein erbitterter Gegner des Naziregimes. Er wurde 1944 von der Gestapo verhaftet und 1945 im KZ Sachsenhausen ermordet. Das Rittergut wurde 1944 enteignet. 1945 erhielt die Familie 25 Hektar Land zurück, 1947 erfolgte jedoch eine Enteignung durch die sowjetischen Besetzer.

Nach der Wende galt die Regelung für offene Vermögensfragen mit der Direktive „Rückgabe vor Entschädigung", aber erst für nach 1949 vorgenommene Enteignungen. Die von Ribbecks bekamen das Schloss nicht zurück, sondern nur eine Entschädigung, von der sie ein paar ihrer ehemaligen Grundstücke zurückkauften: in Ribbeck einen Kutschstall, die Schnapsbrennerei und einen Vierseithof, sowie in Bargow am Beetzsee das ehemalige Gutshaus.

So wohnt denn in Ribbeck wieder ein Herr von Ribbeck, allerdings nicht im Schloss. Das gehört dem Landkreis Havelland und ist denkmalgerecht saniert. Vor dem Schloss wachsen 16 verschiedene Birnbäume, je einer von einem anderen Bundesland gesponsort. Direkt neben dem Schloss liegt der Familienfriedhof der von Ribbecks.

Schloss Ribbeck beherbergt heute ein Museum zur Region und zu Theodor Fontane

In der Alten Brennerei ist das beliebte Waschhaus Café

Schloss Ribbeck

Als neobarockes Schloss 1893 von Hans Georg Hennig von Ribbeck errichtet und von der Familie von Ribbeck bis 1944 bewohnt. Der Vorgängerbau war ein Doppeldachhaus, wie es auch im Gedicht *Herr von Ribbeck auf Ribbeck im Havelland* von Theodor Fontane beschrieben wird. Anlässlich des 200. Geburtstags von Theodor Fontane im Jahre 2019 wurde im Schloss ein Fontane-Museum eröffnet. Gleichzeitig ist das Schloss Standesamt und touristischer Infopunkt. Sehr beliebt ist das schöne Schlossrestaurant mit Sommerterrasse.

Theodor-Fontane-Straße 10 | Ortsteil Ribbeck | www.schlossribbeck.de | Museum: Mi–So 10–16 Uhr

Kirche Ribbeck

Dorfkirche in der Mitte von Ribbeck aus dem 13. Jahrhundert. Regelmäßig Gottesdienste und Veranstaltungen. Südlich des Eingangs steht der neue Birnbaum aus dem Jahre 2000. Ein Teil des ersten Birnbaums, der 1911 einem Sturm zum Opfer fiel, ist in der Kirche neben der Treppe zu sehen. Schön zum Wandeln ist der frei zugängliche Pfarr- und Bibelgarten mit Birnengarten.

Am Birnbaum 1 | www.kirche-ribbeck.de

Gutsbrennerei

Die alte Gutsbrennerei wurde Mitte des 19. Jahrhunderts von der Familie von Ribbeck erbaut. Zunächst brannte man Kartoffelschnaps, in der DDR und danach bis 1994 war das Haus ein Getreidespeicher. Heute wird dort reiner Birnenessig hergestellt. Außerdem gibt es im Naschmarkt alles rund um die Birne von Birnenbrand über Birnenlikör sowie viele süße Kleinigkeiten. 2023 zog das beliebte Waschhaus Café in die Alte Brennerei. Auf dem langen Schornstein brütet regelmäßig ein Storchenpaar.

Am Birnbaum 11 | www.vonribbeck.de

Hinkommen

Bus: Linie 661 stündlich ab Nauen Bahnhof, Linie 680 stündlich ab Rathenow Bahnhof.

Gut zu wissen

Tourismusverband Havelland e. V.
Im Schloss Ribbeck. Vermittlung von Unterkünften, Tipps für Aktivitäten, Kunst und Kultur, Tagesausflüge, Wander- und Radtouren.
Im Schloss | Theodor-Fontane-Straße 10 | www.dein-havelland.de

Gut gebettet

Landhaus Ribbeck
Kleines Art-Hotel im ehemaligen Schafstall des Rittergutes. Schön saniert mit sechs Gästezimmern. Dazu gehören das *Café Monet* und ein Restaurant. Galerie und Ateliers, Organisation von Malreisen, wöchentlich Tango und Gartentage.
Uhlenburger Weg 2b | www.landhaus-ribbeck.de | €

Von Suppe bis Torte

Alte Schule Ribbeck
Die Alte Dorfschule ließ der damalige Herr von Ribbeck schon 1841 bauen, bis 1968 gingen die Ribbecker Kinder hier zur Schule. Heute kann man ein historisches Klassenzimmer sehen, liebevoll von einem Förderverein eingerichtet. Es gibt regelmäßige Veranstaltungen wie Marionetten-Theater, Verkauf von Birnenspezialitäten und Büchern. Im ehemaligen Wohnzimmer des Lehrers gibt es heute ein Café, auch im Freien kann man sitzen mit Blick auf das Schloss.
Am Birnbaum 3 | www.alteschule-ribbeck.de

Frau Wesches Waschhaus Café in der Alten Brennerei
Unschlagbar leckere Riesentorten – nicht nur von der Birne – sorgen hier neben den lustigen „Waschweibern" für ein volles Haus. Das kleine Café von Marina Wesche ist in die Alte Brennerei umgezogen. Dort gibt es jetzt mehr Platz und auch eine schöne Terrasse. An den Wochenenden oft Live-Musik und Naschmarkt in der Brennerei.
Am Birnbaum 6 | Do–So 11–17 Uhr
www.waschhaus-ribbeck.de

Aktiv & sportlich

Szenische Führungen Ribbeck
Sehr empfehlenswert! Jan van Damals und Friedemann van Euter führen sehr unterhaltsam und mit viel Humor durch den Ort, dabei berichten sie Wissenswertes von Birnen, Menschen, Häusern und vom Havelländischen Luch.
Am Birnbaum 7 |
Apr.–Okt. Sa/So 14 Uh
www.theaterderfrische.de

Kinderbauernhof Marienhof
Zwei Kilometer nördlich von Ribbeck liegt dieser freundliche Kinderbauernhof. Hier kann man einen ganzen Tag verbringen oder sogar die Ferien. Übernachten für Groß und Klein geht in Ferienzimmern, im Schäferwagen, auf Heumatratzen oder zukünftig auch im kleinen Landschulheim. Esel, Ponys, Kühe, Hasen, Gänse, Hühner – alle können gestreichelt oder manchmal auch gefüttert werden. Am Wochenende Traktorfahren und geführtes Reiten. Dazu gibt es verschiedene Events und einen zünftigen Imbiss.
Marienhof 1 | www.marienhof-ribbeck.de | März–Okt.

Herr von Ribbeck auf Ribbeck im Havelland

Herr von Ribbeck auf Ribbeck im Havelland,
Ein Birnbaum in seinem Garten stand,
Und kam die goldene Herbsteszeit
Und die Birnen leuchteten weit und breit,
Da stopfte, wenn's Mittag vom Turme scholl,
Der von Ribbeck sich beide Taschen voll.
Und kam in Pantinen ein Junge daher,
So rief er: »Junge, wiste 'ne Beer?«
Und kam ein Mädel, so rief er: »Lütt Dirn,
Kumm man röwer, ick hebb 'ne Birn.«

So ging es viel Jahre, bis lobesam
Der von Ribbeck auf Ribbeck zu sterben kam.
Er fühlte sein Ende. 's war Herbsteszeit,
Wieder lachten die Birnen weit und breit;
Da sagte von Ribbeck: »Ich scheide nun ab.
Legt mir eine Birne mit ins Grab.«
Und drei Tage drauf, aus dem Doppeldachhaus,
Trugen von Ribbeck sie hinaus,
Alle Bauern und Büdner mit Feiergesicht
Sangen »Jesus meine Zuversicht«,
Und die Kinder klagten, das Herze schwer:
»He is dod nu. Wer giwt uns nu 'ne Beer?«

So klagten die Kinder. Das war nicht recht -
Ach, sie kannten den alten Ribbeck schlecht;
Der neue freilich, der knausert und spart,
Hält Park und Birnbaum strenge verwahrt.
Aber der alte, vorahnend schon
Und voll Mißtrauen gegen den eigenen Sohn,
Der wußte genau, was er damals tat,
Als um eine Birn' ins Grab er bat,
Und im dritten Jahr aus dem stillen Haus
Ein Birnbaumsprößling sproßt heraus.

Und die Jahre gehen wohl auf und ab,
Längst wölbt sich ein Birnbaum über dem Grab,
Und in der goldenen Herbsteszeit
Leuchtet's wieder weit und breit.
Und kommt ein Jung' übern Kirchhof her,
So flüstert's im Baume: »Wiste 'ne Beer?«
Und kommt ein Mädel, so flüstert's: »Lütt Dirn,
Kumm man röwer, ick gew' di 'ne Birn.«

So spendet Segen noch immer die Hand
Des von Ribbeck auf Ribbeck im Havelland.

Theodor Fontane, 1889

Tour 2: Mit dem Rad von Nauen nach Ribbeck

Den berühmtesten Birnbaum Deutschlands kann man von Nauen aus ganz hervorragend mit dem Fahrrad besuchen.

Charakteristik: Einfache Radtour auf asphaltierten Radwegen mit geringen Steigungen

Start & Ziel: Bahnhof Nauen

Strecke: Nauen – Groß Behnitz – Ribbeck – Nauen

Entfernung: 28 km

Dauer: ca. 3 Stunden

Einkehrtipp: Restaurant *Seeterrassen* in Groß Behnitz, *Wesche's Waschhaus Café* in Ribbeck

Die Tour beginnt am Bahnhof **Nauen** (▶ Seite 89). Zunächst geht es durch die **Altstadt** von Nauen. Dafür fährt man nach dem Bahnhof links auf die Dammstraße, dann weiter nach rechts auf die Holzmarktstraße und wieder links in die Goethestraße. Am **Rathaus** geht es auf der Brandenburger Straße (zweite Ausfahrt im Kreisverkehr) hinaus aus der Stadt. Es erfolgt die Überquerung der B5, dahinter geht es weiter auf die Brandenburger Chaussee, vorbei an einem Gewerbegebiet.

Wir fahren immer weiter auf der L91 durch die Felder und sind nun mittendrin im großen Windpark Nauener Platte. Bald erreichen wir rechter Hand einen Wald und es geht über die Bahnschienen ins kleine Dorf **Quermathen.** Hier biegen wir rechts in die Straße Zum Schmiedeweg ein. Schon erreicht ist **Groß Behnitz** (▶ Seite 100) mit dem **Groß Behnitzer See.** Direkt links an der Dorfstraße liegt die **Dorfkirche** mit dem Mausoleum der Industriellenfamilie **Borsig,** gegenüber das *Landgut Stober* mit dem Restaurant *Seeterrassen.* Fährt man auf der Dorfstraße nach links, geht kurz vor der Linkskurve rechts ein Weg ab zum **Badestrand** am Groß Behnitzer See.

Um nach Ribbeck zu kommen, müssen wir aber in entgegengesetzter Richtung fahren. Wir nehmen die Straße Richtung Bahnhof, biegen aber vorher links in die Straße Zum Sandkrug ab. Hinter ein paar Häusern überqueren wir die Bahnschienen und fahren dann etwa 5 Kilometer geradeaus durch den Wald. Wenn wir die ersten Häuser sehen, biegen wir rechts ein auf die Straße Zur Meierei. Geradeaus kommt man über die Theodor-Fontane-Straße zum Ortskern von **Ribbeck** (▶ Seite 94) mit dem **Schloss.** Schräg dahinter liegt die **Kirche** mit dem **Birnbaum,** dahinter das schöne Café von Frau Wesche in der **Alten Brennerei,** auch in der **Alten Schule** gibt es Kaffee und Kuchen.

Gestärkt geht es dann wieder nach Nauen. Wir fahren Richtung Norden auf der Theodor-Fontane-Straße und biegen hinter dem Dorf rechts ab. Nach Nauen führt nun ein gut ausgeschilderter, asphaltierter Radweg etwa zehn Kilometer lang durch die Felder. Kurz vor den ersten Häusern von Nauen biegt der Radweg links ab und führt direkt zum Bahnhof.

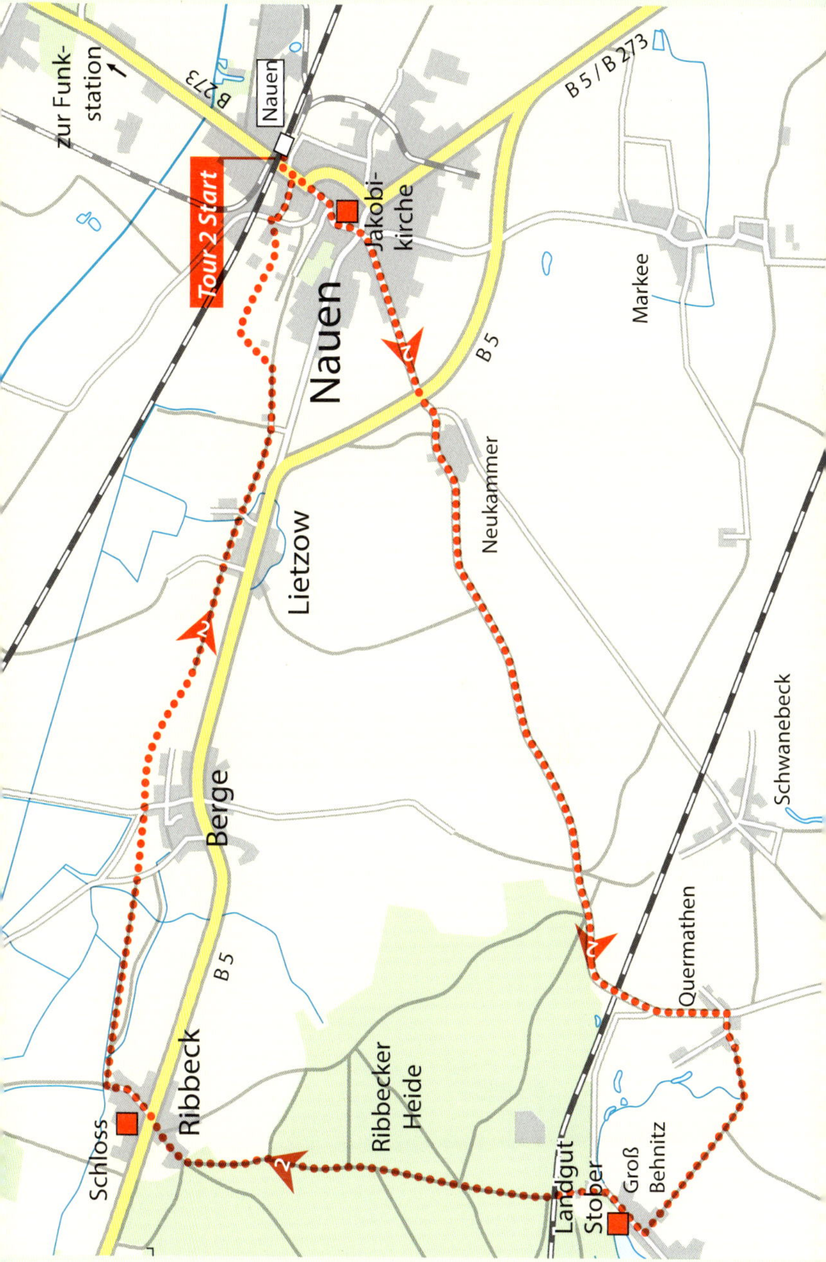
zur Funkstation
B 273
Nauen
Tour 2 Start
Jakobikirche
Nauen
B 5 / B 273
B 5
Markee
Neukammer
Lietzow
Berge
B 5
Ribbeck
Schloss
Ribbecker Heide
Landgut Stober
Groß Behnitz
Quermathen
Schwanebeck

Groß Behnitz

Groß Behnitz ist ein Ortsteil von Nauen am Groß Behnitzer See. Das kleine Dorf wurde vor allem durch das ehemalige Landgut der Industriellenfamilie Borsig bekannt.

Etwas mehr als 600 Menschen wohnen in Groß Behnitz, es gibt eine Dorfstraße und eine Kirche, doch ins Auge fallen sofort die imposanten, roten Backsteinbauten. Grundstock ist eine barocke Anlage, die 1866 von Albert Borsig (1829–1878) erworben und erweitert wurde. Unter seiner Leitung entstand das schöne Ensemble aus zahlreichen Ziegelbauten. Mit einer Fläche von 2 700 Hektar war das **Landgut Borsig** 1923 ein landwirtschaftlicher Musterbetrieb, der mit modernster Technik arbeitete.

Sowohl der Enkel Ernst von Borsig als auch sein Großvater Albert waren Mitglieder der Dendrologischen Gesellschaft und maßgeblich an der Gestaltung des Parks beteiligt. Besonders beeindruckend sind heute die riesigen Platanen, einige wurden den Borsigs sogar schon von Alexander von Humboldt geschenkt. Die Platane Nr. 7 ist einer der dickste Bäume im Land Brandenburg.

Während des Zweiten Weltkrieges traf sich der Kreisauer Kreis mehrmals auf dem Gut, dem auch Yorck von Wartenburg und Graf von Moltke angehörten. Es war eine ökumenische Widerstandgruppe aus Adligen, Sozialisten, Arbeitern und Arbeitgebern. Obwohl er dem Widerstand gegen die Nazis angehörte, wurde Ernst von Borsig Junior von den Sowjets verhaftet, weil er das Gut nicht verlassen wollte, er starb im Speziallager Nr. 4 in Landsberg an der Warthe.

1952 übernahm die LPG das landwirtschaftliche Gut und betrieb es bis 1990, danach verfielen die Gebäude.

2001 kaufte der Berliner Bauunternehmer Michael Stober das Grund-

Beliebter Veranstaltungsort: das frühere Landgut Borsig, heute Landgut Stober

Die neobarocke Kirche von Groß Behnitz mit dem Mausoleum der Familie Borsig

stück und sanierte das Ensemble. Das heutige **Landgut Stober** ist vor allem ein exklusives, aber auch nachhaltiges Tagungs- und Seminarhotel, geeignet auch für Hochzeiten und größere Feiern. Im ehemaligen Geflügelhaus und Kälberstall ist heute das Restaurant *Seeterrassen* untergebracht. Am Eingang steht das imposante Portal mit den Sandsteinfiguren von Carl von Gondard.

Sehenswert ist die **Dorfkirche Groß Behnitz**, deren Grundmauern aus dem späten Mittelalter stammen. Sie wurde 1923 im Neobarockstil umgebaut, wobei sie ihren charakteristischen Glockenturm erhielt. Sie beherbergt das Mausoleum der Familie Borsig.

Dorfkirche Groß Behnitz
Neobarocke Kirche mit der Begräbnisanlage der Familie Borsig.
Behnitzer Dorfstraße 44 | Ortsteil Groß Behnitz | Tel. (0 33 21) 45 59 38 | Führungen nur nach Voranmeldung

Hinkommen

Bus: Linie 660 mehrmals täglich ab Nauen Bahnhof.

Von Suppe bis Torte

Hotel Landgut Stober und Restaurant Seeterrassen Groß Behnitz
Das Landgut Stober bemüht sich um Nachhaltigkeit und wurde als klimapositives Bio-Hotel mehrfach ausgezeichnet. Das Restaurant *Seeterrassen* ist ein exklusives Ausflugslokal am See mit großer Terrasse und schönem Park. Gekocht wird ausschließlich mit frischen, regionalen Produkten. Lieferanten werden auf artgerechte Tierhaltung überprüft.
Behnitzer Dorfstraße 27–31 | www.landgut-stober.de | Do–So 12–21 Uhr | €€€

Die St.-Marien-Kirche in Tremmen schmücken zwei auffällige Zwiebeltürme

Tremmen

Das Dorf Tremmen liegt eingebettet in eine eiszeitliche Landschaft mit fruchtbaren landwirtschaftlichen Flächen.

Tremmen, seit 2003 ein Ortsteil von Ketzin (▶ Seite 103), blickt auf eine 800-jährige Geschichte zurück. 1161 wurde der Ort erstmals urkundlich erwähnt. Zur wirtschaftlichen Entwicklung des Dorfes trugen seine Lage an einem Kreuzungspunkt mehrerer Handelswege genauso bei wie die fruchtbaren Böden der Umgebung. Von der Zeit des Großbauerntums zeugen noch heute mehrere stattliche Hofgebäude. Eine Besonderheit ist die **St.-Marien-Kirche** mit ihrem doppelten Zwiebelturm. Sie wurde im 15. Jahrhundert im spätgotischen Stil errichtet und als Wallfahrtskirche genutzt. 1724 erhielten die beiden Türme eine barocke Überformung mit Zwiebelhauben.

Dorfmuseum Tremmen
In einer ehemaligen Stellmacherei. Es zeigt neben dem Stellmacher-, Schmiede- und Sattlerhandwerk auch „Urgroßmutters Küche" sowie verschiedene Sonderausstellungen.
Heerstraße 6 | www.museumtremmen.de | Apr.–Okt. Sa/So/Fei 13.30–17 Uhr

Hinkommen

Bus: Linie 658 mehrmals täglich ab Nauen Bahnhof sowie ab Ketzin.

Von Suppe bis Torte

Backwahn
Sehr beliebter Backshop mit Gartencafé in der Buddhistische Klosterschule „Ganden Tashi Choeling" im 8 km entfernten Nachbarort Päwesin. Von Nonnen und Mönchen betrieben, mit super leckeren Backwaren, Kuchen und Torten.
Brandenburger Str. 12 | 14778 Päwesin | www.tashi-choeling.de/backwahn

Ketzin

Das traditionelle, charmante Fischerstädtchen direkt an der Havel ist ein Paradies für Wassersportler und hat einige nette Restaurants.

Erstmalig wird der Ort als „Cosetzin" 1187 erwähnt. Woher der Name kommt, kann heute keiner genau sagen, es gibt mehr als dreißig verschiedene Auslegungen. Sicher ist, dass es hier schon immer gute Fischgründe gab. Im Jahre 1738 wurde die Fischergilde gegründet. Ihr zu Ehren findet noch heute jedes Jahr im August das große **Fischerfest** statt, wo auch eine Fischerkönigin gewählt wird.

Noch vor der Gründerzeitepoche gab es in Ketzin schon zwölf Ziegeleien. Die Ziegel wurden nach Berlin und Potsdam verschifft, dort herrschte ein riesiger Bauboom. Derweil lebten die Ziegeleiarbeiter in Ketzin unter recht ärmlichen Verhältnissen. Viele verprassten ihren geringen Lohn auch in den drei Brauereien, fünf Schnapsbrennereien und über dreißig Kneipen des Ortes. Einige Ketziner wurden dabei reich, davon zeugen die zahlreichen Villen und Bürgerhäuser in der Altstadt. Heute ist Ketzin beliebt bei Wassersportlern, viele Motorboote und Jachten legen hier an. Den Havelradweg, den man mit der Fähre erreicht, verläuft auf der südlichen Seite der Havel.

Dauerausstellung Ziegelei

Liebevoll gemachte Ausstellung. An Tafeln und Modellen wird die historische Entwicklung der Ziegelindustrie bis zum Niedergang dokumentiert.

Rathausstraße 7 (Remise im Rathausinnenhof) | 14669 Ketzin/Havel | www.tourismus.ketzin.de | tgl. geöffnet

Im Fischerviertel von Ketzin

Hinkommen

Bus: Linie 614 stdl. ab Potsdam Hbf, Linie 658 mehrmals täglich ab Nauen. **Fähre:** Die Auto- und Personenfähre *Charlotte* verkehrt auf der Havel zwischen Ketzin und Schmergow. Mo–Fr 5.30–20 (im Winter bis 19 Uhr), Sa/So 9–18 Uhr

Gut zu wissen

Touristinformation
Rad- und Wanderkarten, Fahrradverleih, im Sommer Touristinformation
Rathaustraße 18 | 14668 Ketzin | www.tourismus.ketzin.de

Gut gebettet

Gutshof Havelland
Gepflegtes Hotel, etwas abgelegen im Ortsteil Falkenrehde. Haupthaus mit gehobener Ausstattung, Gästehaus mit einfachem Standard.
Potsdamer Allee 30 | Ortsteil Falkenrehde | www.gutshof-havelland.de | €€

Campingplatz an der Havel
Am Ketziner Havelstrand, nebst Naturhafen. Schöne Wiese für Wohnmobile (auch zur Miete) und Zelte, Spielplatz, Rad- und Kanuverleih.
Friedrich-Ludwig-Jahn-Weg 33 | www.havelcamping-ketzin.de

An der Havel bei Ketzin

Die Fähre Charlotte verbindet Ketzin mit dem Südufer der Havel

Von Suppe bis Torte

Restaurant und Café An der Fähre
Eins der beliebtesten Restaurants direkt an der Havel mit Blick zur Havelfähre. Traditionelle märkische Gerichte, vor allem viel fangfrischer Fisch. Freundlich, gemütlich, gutes Preis-Leistungs-Verhältnis.
An der Fähre 1 | www.an-der-faehre.de | Mo geschlossen

Lea´s Eiscafé
Superleckeres Softeis und andere selbstgemachte Sorten mit vielen Toppings, freundliche Bedienung, guter Kaffee, schöne Ecke.
Rathausstraße 1

Wellenstein
Direkt an der Uferpromenade. Modernes Restaurant mit Terrasse, frische, regionale Speisen.
Karl-Liebknecht-Straße 8 | www.wellenstein-ketzin.de | Fr 17–21, Sa 14–21, So 12–21 Uhr

Aktiv & sportlich

Ketziner Havelstrand
Schöne Liegewiese und Biwakplatz, Sandstrand direkt an der Havel. Verschiedene Veranstaltungen wie Neujahrsbaden, Maifest, Freiluftkino und Paddeltouren.
Friedrich-Ludwig-Jahn-Weg 31 | www.havelstrand.com

Schiffsausflüge

Reederei Herzog
Die Reederei Herzog ist mit den Schiffen MS Harmonie und MS Bellevue von Brandenburg bis Berlin unterwegs. Großes Angebot an diversen Rundfahrten im Havelland, auch Charterfahrten möglich.
An der Havel 18 | www.reederei-herzog.de

Paretz

Kleines Dorf mit großem Schloss: Einst Sommersitz von König Friedrich Wilhelm III. und Königin Luise – heute ein Touristenmagnet.

Das beschauliche Dorf mit nicht mehr als 400 Einwohnern ist heute ein schön sanierter Ort mit Schloss, Kirche und hübschen Restaurants. Überregionale Bedeutung gewann Paretz, als um 1800 eine Umgestaltung mit Schlossbau, Park und einem neuen Dorfensemble stattfand.

1798 ließ Friedrich Wilhelm III. das klassizistische **Schloss** an Stelle eines älteren Gutshauses als Sommerresidenz für sich und seine Gemahlin Luise errichten. Während der DDR-Zeit umgebaut und wenig gepflegt, wurde das Schloss ab 1999 komplett saniert und wird seither von der *Stiftung Preußische Schlösser und Gärten Berlin-Brandenburg (SPSG)* verwaltet. Interessant sind das original erhaltene Inventar des Schlosses und die rekonstruierten Paretzer Papiertapeten. Hinter dem Schloss erstreckt sich eine riesige Parkanlage.

Neben dem Schloss entwarf Architekt David Gilly um 1800 auch die gesamte Dorfanlage neu. Die alten Kossätenhäuser wurden abgerissen, an ihrer Stelle etwa zehn einheitlich gestaltete Bauernhöfe und ein Mehrparteienhaus für Handwerker- und Tagelöhnerfamilien errichtet. Hinzu kamen Gebäude mit Sonderfunktion wie das Amtshaus, der Schüttboden, die Mehlwaage, das Feuerwehrspritzenhaus oder das Haus des Dorfschulzen.

Eine besondere Attraktion ist das **Gotische Haus,** das am Rande des Kirchgartens liegt und die gleichen Spitzbogenfenster wie die ebenfalls von David Gilly umgestaltete **Kirche** aufweist. Es beherbergte einst die königliche Schmiede, heute befindet sich ein Restaurant darin.

Schloss Paretz war Königin Luises liebste Sommerresidenz

Im hübschen Gotischen Haus in Paretz kann man hervorragend speisen

★ Schloss Paretz

Besonders sehenswert ist die teils original erhaltene, teils aufwendig rekonstruierte Innenausstattung mit Porzellan, Möbeln, Gemälden und den berühmten Tapeten. Eine Dauerausstellung informiert über das Landleben der königlichen Sommergäste. In der Schlossremise wird eine bedeutende Sammlung kostbarer Kutschen, Prunkschlitten und Sänften des 17./18 Jhd. gezeigt.

Parkring 1 | Ortsteil Paretz | www.spsg.de | Apr.–Okt. Di–So 10–17.30 Uhr, Nov.–März Sa/So 10–16 Uhr

Hinkommen

Bus: Linie 614 stdl., ab Potsdam Hbf

Gut gebettet

Storchenhof Paretz

Familie Hipp aus Süddeutschland hat diesem Vierseithof mit dem regelmäßig auf dem Dach nistenden Storchenpaar neues Leben eingehaucht. Ferienwohnungen, viele Tiere, Reitstunden, Hippotherapie, Events.

Werderdammstraße 12 | www.storchenhof-paretz.de

Von Suppe bis Torte

Gotisches Haus

Restaurant in der ehemaligen königlichen Dorfschmiede. Schöner Biergarten. Hervorragendes Essen von Aal grün bis Rinderroulade, Kaffee und Kuchen.

Parkring 21 | www.gotisches-haus-paretz-online.de | Mo–Fr 11.30–15, Sa/So 11–16 Uhr

Café in der Paretzer Scheune

Café in der ehemaligen Dorfscheune mit selbst gebackenen Kuchen und Köstlichkeiten wie Wareniki, Pelmeni oder Bliny von ukrainischen Frauen. Für Radler gibt es kühle Getränke.

Werderdammstr. 1 b | So 12–16 Uhr, Mi 14–17 Uhr | www.stiftung-paretz.de

Südliches Havelland

Südliches Havelland

Im Frühjahr ein zartes Blütenmeer, im Spätsommer voller reifer Früchte, das ist das südliche Havelland. Rund um Werder findet man zahlreiche Obsthöfe, wunderschön umrahmt von den großen Havelseen.

Werder (Havel)

Die „Obstkiste Berlins" wird Werder oft genannt – wegen der riesigen Obstplantagen mit Äpfeln, Birnen und Kirschen.

Die Altstadt liegt idyllisch auf einer Insel, umschlossen von der Havel. Flanieren, sich verwöhnen lassen oder aktiv sein, all das kann man sehr gut in Werder.

★ Altstadtinsel

Bereits aus der Ferne sieht man den Kirchturm der **Heilig-Geist-Kirche** auf der Altstadtinsel, daneben steht die **Bockwindmühle.** Beide zusammen geben ein hübsches Bild ab, besonders abends, wenn sie von der Sonne beschienen werden. Auf der Insel lag früher ein Fischerdörfchen. Jetzt schmiegen sich die hübsch sanierten Häuschen, im Zentrum aus dem 17. Jahrhundert, eng aneinander. Trotzdem gibt es noch Platz für einen malerischen **Uferweg,** sodass man die Altstadtinsel einmal ganz umrunden kann. Immer wieder geht der Blick aufs Wasser, wo die Sonne über die Wellen tanzt oder die Blesshühner, Haubentaucher und Schwäne ihre Jungen ausführen. Zum Ausruhen, Eisessen oder sogar Gourmetspeisen gibt es schöne Terrassen.

Baumblütenfest und Obstplantagen

Einmal im Jahr, meist Ende April, findet eine Woche lang das große **Baumblütenfest** statt. War es früher ein riesiger Rummel, setzt man heute eher auf ein ruhigeres Konzept. Es empfiehlt sich sehr, auf die Hügel ringsum zu gehen, entlang der Plantagen und an den offenen Gärten zu flanieren. Alle Obsthöfe haben dann geöffnet, bieten ihre Produkte und vor allem den Werderaner Obstwein an. Man sitzt gemütlich unter blühenden Bäumen, geht von Hof zu Hof. Doch Vorsicht mit dem Obstwein, denn der steigt schnell zu Kopf!

Auch außerhalb dieser Zeit steht Werder ganz im Zeichen des Obstanbaus. Schon Friedrich II. ließ Apfelplantagen anlegen, zur DDR-Zeit versorgte Werder ganz Westberlin mit Obst aus dem Havelland. Besonders beliebt war auch der Ketchup aus Werder. Nach dem Mauerfall wurde dann das Obst aus dem „Osten" zu teuer. Äpfel kamen nun aus Italien oder Neuseeland. Rund um Werder holzte man massenweise Obstbäume ab. Wenige blieben standhaft, doch seit der Jahrtausendwende gibt es eine Rückbesinnung auf Regionales. Es werden neben Äpfeln vor allem Kirschen, Erdbeeren, aber auch

◄ *Kleinod an der Havel: Blick auf die Altstadtinsel von Werder mit der Heiliggeistkirche und der Bockwindmühle, davor das bunte Künstlerboot „havelwunder"*

Werder (Havel)

Gründung: 1317
Verwaltung: Landkreis Potsdam-Mittelmark
Einwohner: 27 039 (Dez. 2022)
PLZ: 14542
Vorwahl: 0 33 27
Fläche: 117,05 km^2
Geografische Lage: 40 km südwestlich von Berlin
Wirtschaft: Obst- und Gemüseanbau, Feinkostherstellung

Gemüse, Tannenbäume und Schnittblumen angebaut. Überall in der Umgebung bieten auch Privatleute Blumen, frische Eier, Walnüsse oder Tomaten aus dem eigenen Garten an.

Beliebt ist Werder auch bei Wassersportlern, rundherum liegen die großen Havelseen. Die Stadt ist gut mit der Bahn zu erreichen, kann Ausgangspunkt für ausgedehnte Wasserwander- und Radtouren sein oder auch ein eher ruhiges Quartier, wenn man Ausflüge nach Berlin oder Potsdam plant. Sehr zu empfehlen ist der **Panoramaweg Werderobst,** eine schöne Radtour durch die Plantagen.

Heilig-Geist-Kirche

Auf Anregung von Friedrich Wilhelm IV. 1840 im neogotischen Stil erbaut, ist sie heute weithin sichtbares Wahrzeichen von Werder.

Adolf-Damaschke-Straße 9 |
14542 Werder (Havel)
www.heiliggeistgemeindewerder.de

Bockwindmühle

Die Mühle auf der Altstadtinsel hat eine interessante Geschichte. Nachdem sie 1973 abgebrannt war, wurde in Sachsen eine fast identische Mühle abgebaut, alle Teile fachmännisch restauriert und von 1987 bis 1991 hier wieder aufgebaut.

Am Mühlenberg |
Fr 11–16, Sa/So 13–17 Uhr

Morgenstern-Literaturmuseum

Das recht neue Museum im Aussichts- und Museumsturm der Ausflugsgaststätte Bismarckhöhe auf dem Galgenberg erinnert an Leben, Werk und Wirkung von Christian Morgenstern, der hier mit acht Freunden feierte und den „Bund der Galgenbrüder" ins Leben rief.

Hoher Weg 150 |
christian-morgenstern-gesellschaft.de |
Mai–Okt. Sa/So 13–18 Uhr

Märkisches Ziegeleimuseum Glindow

Seit 1462 wurde rund um Werder Ton abgebaut. Hier stehen zwei denkmalgeschützte Ringöfen von 1868, einer ist noch in Betrieb und demonstriert die Ziegelproduktion hautnah. Ausstellung "Historische Ziegelbauten in der Mark Brandenburg" im Ziegeleiturm.

Alpenstraße 47 | Ortsteil Glindow |
www.ziegeleimuseum-glindow.de |
März–Okt. Sa/So 11–16 Uhr

Praktische Tipps

Hinkommen

Bahn: RE 1 alle 20 Minuten ab/nach Potsdam und Berlin sowie Brandenburg an der Havel.
Bus: Linie 631 nach Potsdam Hbf

Gut zu wissen

Touristinformation
Im Lindowschen Haus, das als eines der letzten erhaltenen Obstbauerngehöfte des alten, urwüchsigen Typs gilt. Stadtführungen, Schiffstickets, Obstweinverkostungen, Radausflüge. Erhältlich sind Broschüren wie ein Einkaufsführer für alle Obsthöfen.
Plantagenplatz 9 | www.werder-havel.de

Gut gebettet

Hotel zur Insel
Sehr freundliches Haus auf der Insel mit 49 modernen Zimmern. Radlerhaus für Radtouristen mit Reparaturraum plus Material, Fahrradverleih. Organisation von Obstweinverkostungen, Stadtführungen, Touren mit dem Fischer. Restaurant mit Terrasse und regionaler, frischer Küche.
Am Markt 6 | www.hotel-zur-insel.de | €€

Lendelhaus und Historische Saftfabrik
Auf der Altstadtinsel. Früher wurden hier Konserven, Weine und Marmeladen hergestellt, heute übernachtet man in stilvoll eingerichteten Studios und Apartments. Leckeres Frühstück gibt es im *Kaffee Kontor Werder*!
Am Markt 21 | www.lendelhaus.de | €€

Die Bockwindmühle in Werder ist heute noch funktionsfähig

Hotel Prinz Heinrich und Restaurant Alte Überfahrt

Kleines Familienhotel direkt am Wasser auf der Altstadtinsel mit sieben historischen Zimmern, schöner Cafégarten mit Blick auf die Havel. Gastgeber Michael Scheibe, ein waschechter Havelländer, betreibt das Hotel seit 2018. Im Erdgeschoss glänzt das Restaurant *Alte Überfahrt*, ein beliebtes Gourmetrestaurant. Küchenchef Thomas Hübner kocht mit saisonal-regionalen Produkten.

Fischerstraße 48 B |
www.hotelprinzheinrich.de |
Cafégarten: Apr.-Sep. 11–18 Uhr | €€
Restaurant Alte Überfahrt:
Mi–So 18–22 Uhr | Vorab reservieren!

Blütencamping Riegelspitze

Stellplätze für Wohnwagen, aber auch Übernachtungsmöglichkeiten in preiswerten Ferienhäusern, Lodges, Wohnfässern oder Zirkuswagen. Dazu Bootsanleger, Badestrand, Spielplatz, Gaststätte, Fahrrad- und Kanuverleih.

Fercher Straße 4–9 |
www.campingplatz-riegelspitze.de | €

Von Suppe bis Torte

via Tipp Weintiene

Einzigartig in Brandenburg: echte Straußwirtschaft mitten im Weinberg auf dem Werderaner Wachtelberg. Kleine Speisen, schöne Terrasse.

Wachtelwinkel 30 | Ostern bis Mitte Okt.
www.weinbau-lindicke.de

Fischrestaurant Ariele

Sehr beliebtes Fischrestaurant auf der Altstadtinsel mit großer Terrasse direkt über der Havel. Leckere Fischgerichte, selbst geräucherter Fisch zum Mitnehmen, zwei Gästezimmer.

Fischerstraße 33 |
www.fischrestaurant-arielle.de

Der Marktplatz auf der romantischen Altstadtinsel

Im Hotel Prinz Heinrich kann man in einem der historischen Zimmern übernachten

Yves's

Idyllisch und familiär auf der Altstadtinsel, mediterran-moderne Küche mit vielen regionalen Produkten, Gewürzen und Kräutern, große Auswahl an veganen Gerichten. Im Sommer süße Terrasse unter Bäumen.

Michaelisstraße 13 | www.yves-s.de

Kaufen und stöbern

Wochenmärkte

Obst und Gemüse direkt von den Erzeugern aus der Region:

Unter den Linden (Fr 8–14 Uhr) | Frischemarkt am Werderpark (an der B1) | Auf dem Strengfeld | Sa 8–14 Uhr

Buchhandlung Hellmich

Große Buchhandlung mit viel Auswahl, immer auf dem neuesten Stand. Sehr freundliche Beratung. Regionales, Krimis, Kinderbücher, Kalender, Karten.

Brandenburger Straße 161 | www.buchhandlung-werder.de

SauberKunst

Vegane Seifen und Pflegeprodukte, kleine Kunstwerke für Körper und Seele stellt die Brandenburgerin Annett Förster in ihrer Manufaktur in Groß Kreuz her. Zauberhafter Laden, 55 verschiedene Seifen findet.

Am Markt 1 | www.sauberkunst.de

Obsthof Lindicke

Hofladen mit Obst, Obstwein, Fruchtaufstrichen, Gemüse, Eiern, Kartoffeln. Selbstpflücke für Erdbeeren, Kirschen, Äpfel und Birnen.

Am Plessower Eck 1 | www.obsthof-lindicke.de | Mi–Fr 9–18, Sa/So bis 16 Uhr

Aktiv & sportlich

Gilde der Stadtführer

Werder hat eine eigene Stadtführergilde mit vielen Originalen wie dem Nachtwächter, den Ratsherren, Hermine oder der „Muckerschen", die nach Voranmeldung

Mitten im Weinberg gelegen: die Weintiene im Werderaner Wachtelberg

auch in ihre originalgetreu eingerichtete Stube und Wohnküche einlädt. Themenführungen zum Alltag oder zur Geschichte, Blütenfahrten und Verkostungen, Touren in die Havelauen oder in die Weinberge.
www.stadtfuehrer-werder.de

Boots- und Fahrradverleih Krüger und Till
Vor der Brücke zur Altstadtinsel wird man zuverlässig und freundlich bedient. Große Auswahl: Motor- oder Tretboote, Kanus, SUPs, Fahrräder.
Unter den Linden 17 | www.bootshandel-werder.de | Bootsmiete Mitte Apr.– Mitte Okt. tgl. 9–19 Uhr, Fahrräder auch ganzjährig im Laden

Strandbad Plessower See
Sehr sauberer See, kleiner, schöner Strand mit Bademeister, Liegewiese, Volleyball, Kiosk.
Am Plessower See 56 | www.strandbad-werder.de

Havel-Therme
Die Premium SPA Therme ist ein absolutes Highlight. Wie in 1001 Nacht kann man hier stilvoll relaxen: Innen- und Außenbecken, warme Sole oder kühleres Sportbad, zehn thematische Saunen von der russischen Banja über ein Haman bis zum Serail Bad, dazu vier tolle Ruhezonen mit Kaminlounge und dem längsten Saunasteg Deutschlands, 160 Meter führt er über die Havel. Die Restaurants „Piazza“ und „Medina“, eine Snack- und drei Poolbars verwöhnen die Gäste.
Zum Großen Zernsee 15 | www.havel-therme.de | tgl. 9- 24, Fr/Sa bis 1 Uhr

Schiffsausflüge

Reederei Bernd Kuhl
Die *MS Bismarckhöhe* legt direkt an der Brücke zur Altstadt ab. Fahrten nach Berlin, Potsdam, Brandenburg, täglich Fahrten um die Altstadtinsel.
www.ms-bismarckhöhe.de

Weinanbau im Havelland
Eine lange Tradition

Es gibt elf Weinberge im Havelland. Bereits vor siebenhundert Jahren brachten die Zisterziensermönche den Wein in die Region. Sogar Friedrich der Große bepflanzte die Terrassen von Sanssouci, wenn auch nur mit Tafeltrauben.

Irgendwann verschwand der Wein aus dem Fokus. Doch der Klimawandel macht es heute wieder möglich. Einige Weinberge im Havelland haben mehr Sonnenstunden als die Hänge am Rhein. Bereits kurz vor der Wende experimentierte man in Werder mit dem Anbau, inzwischen gibt es sogar schon zwei Keltereien.

Der Familienbetrieb *Dr. Lindicke* verarbeitet die Trauben des Werderaner Wachtelberges, der Ortslagen Galgenberg und Phöben sowie vom königlichen Weinberg in Potsdam und vom Marienberg in Brandenburg. Es ist der nördlichste Qualitätswein Deutschlands und zählt zum Weinanbaugebiet Saale-Unstrut. Im *Weingut Töplitz* baut die Familie Wolenski Biowein an, den sie selbst keltert und als Landwein anbietet.

Auf dem Schulweinberg in Brandenburg an der Havel lernen die Kinder die Grundlagen des Weinbaus, sie stellen Traubensaft und Fruchtaufstriche her. Weitere Weinberge gibt es in Petzow, auf dem Potsdamer Winzerberg und an der Potsdamer *Villa Jacobs*.

Das Havelland hat vor allem Sand- oder Lehmböden. Die Lagen sind oft historisch belegt. Beliebte Rebsorten sind Weißburgunder, Müller-Thurgau, Sauvignon Blanc (Weißwein) oder Dornfelder, Saint Laurent, Regent (Rotwein). Auf dem Werderaner Wachtelberg gibt es einen Aussichtsturm und eine schöne Straußwirtschaft. In Töplitz geht es mit dem Picknickkorb direkt in den Weinberg, wo sich ein herrlicher Blick in die Landschaft bietet.

www.weinbau-lindicke.de
www.weingut-toeplitz.de
www.villa-jacobs.de

Klaus Wolenski baut in Töplitz Weine in Bio-Qualität an

Petzow

Romantischer Ort mit Schloss und Park am Schwielowsee.

1825 ließ sich der wohlhabende Ziegeleifabrikant Friedrich August Kaehne ein pompöses **Herrenhaus** bauen, architektonisch eine Mischung aus maurischer Festung und englischem Tudorstil. Architekt war kein Geringerer als Karl Friedrich Schinkel. Heute ist das Gebäude ein Wohnhaus. Geblieben ist der schöne **Park** am Haussee mit dem Waschhaus und einigen Nebengebäuden. Bei einer Führung kann man den neu gestalteten **Schlossgarten** besuchen. Im Sommer ist immer viel los in der Kulturkirche Petzow.

Kirchturm in Petzow

Schlosspark Petzow

1838 wurde der circa 15 Hektar große sehenswerte Schlosspark neu gestaltet. Noch heute wandelt man schön zwischen uralten Bäumen. Um den Haussee herum existieren noch das Waschhaus und die Alte Schmiede.

Zelterstraße 4 C | 14542 Werder (Havel)(OT Petzow) | www.schlossgarten-petzow.de

Kulturkirche Petzow

Die neue Petzower Dorfkirche wurde nach Plänen von Schinkel erbaut und 1842 durch Friedrich Wilhelm IV. eingeweiht. Heute kulturelles Zentrum von Petzow, regelmäßig finden Ausstellungen und Konzerte statt. Vom Kirchturm bietet sich ein wunderbarer Blick auf die Seenlandschaft.

Fercher Straße 52 | 14542 Werder | www.petzow-online.de | nur Sa/So geöffnet

Heimatmuseum Waschhaus

Das ehemaligen Waschhaus im Schlosspark ist ein kleines Museum, betreut vom Heimatverein Petzow.

Apr.–Mitte Okt. So 13–17 Uhr

Hinkommen

Bus: Linie 607 mehrmals täglich ab Werder Bahnhof sowie Potsdam Hbf

Von Suppe bis Torte

Drei Kaehne

Süßes Sommercafé mit Kuchen, saisonalen Snacks und gutem Kaffee. Betreuen auch sehr liebevoll den neuen Schlossgarten, viele Events.

Zelterstraße 10 | Mai–Okt. 13–18 Uhr www.schlossgarten-petzow.de

Sanddorn-Garten Christine Berge

Seit über 30 Jahren biologisch kontrollierter Anbau von Sanddorn, Restaurant am See, Hofladen und Café, viele Events. Sanddornprodukte und andere regionale Spezialitäten.

Fercher Straße 60 | tgl. 10–18, im Winter bis 17 Uhr | sanddorn-christine-berger.de

Schwielowsee

Der Schwielowsee ist einer der schönsten Seen im Havelland, er liegt südlich von Potsdam und ist bei Wassersportlern sehr beliebt.

Theodor Fontane schrieb über den See: „Der Schwielow ist gutmütig, … aber wie alle gutmütigen Naturen kann er heftig werden, plötzlich, beinahe unmotiviert, und dann ist er unberechenbar". Er wird von der Havel durchflossen, am See liegen die Stadt **Werder** (▶ Seite 109) mit **Petzow** sowie die Gemeinde Schwielowsee mit den Ortsteilen **Caputh** (▶ Seite 120), **Ferch** (▶ Seite 123) und **Geltow**. Seine Fläche beträgt 786 ha. Das Ufer des Schwielowsees ist heute zum größten Teil bebaut. Trotzdem gibt es einige beschauliche Ecken, wo man nett auf Terrassen sitzen oder wie in Ferch und Caputh auch baden kann.

Gut zu wissen

Kultur- und Tourismusamt
Infos zu Kultur, Urlaubsideen, Kartenmaterial. Zu empfehlen ist die Lauschtour auf Fontanes Spuren, ein Audioguide mit 19 Stationen.
Straße der Einheit 2 | 14548 Schwielowsee | www.schwielowsee-tourismus.de

Genießen mit Aussicht kann man im Restaurant „Fährhaus" in Caputh

Tour 3: Rund um den Schwielowsee

Diese schöne Radtour führt von Potsdam aus immer am Wasser entlang einmal rund um den Templiner und den Schwielowsee.

Charakteristik: Mittelschwere Radtour auf asphaltierten Wegen mit kleinen Steigungen

Start & Ziel: Potsdam Hbf

Strecke: Potsdam – Forsthaus Templin – Caputh – Ferch – Petzow – Geltow – Potsdam

Entfernung: 35 km

Dauer: ca. 3,5 Stunden

Einkehrtipp: Restaurant *Fährhaus* in Caputh

Tipp: Badesachen einpacken!

Die Tour startet am Hauptbahnhof Potsdam. Gleich geht es steil nach oben auf den **Telegrafenberg.** Wer mag, macht einen Abstecher zum **Einsteinturm** im Wissenschaftspark (► Seite 45). Der Radweg ist gut ausgeschildert und führt über die Templiner Straße immer am Ufer des **Templiner Sees** neben der Straße entlang.

Nach wenigen Kilometern kommt links das **Forsthaus Templin** mit eigener Brauerei. Danach erreichen wir schon **Caputh** (► Seite 120). Gleich am Ortseingang links kann man über die Waldstraße einen Abstecher hoch zum **Einsteinhaus** machen.

Für alle anderen geht es über die Potsdamer Straße, Lindenstraße und Straße der Einheit geradeaus weiter zum **Schloss Caputh.** Es ist von einem hübschen Schlosspark umgeben, am Seeufer befindet sich das Kavalierhaus mit einem Restaurant. Weiter geht es auf der Straße der Einheit bis zur **Fähre Caputh,** wo das Restaurant *Fährhaus* mit einer schönen Terrasse am Caputher Gemünde liegt. Hier kann man die Tour abkürzen, indem man mit der Seilfähre auf die andere Seeseite nach Geltow fährt.

Weiter zum Schwielowsee geht es zuerst an der Promenade entlang, dann links und wieder rechts auf die Schwielowseestraße. Es folgt eine schöne Strecke durch den Wald, direkt am **Schwielowsee** entlang, vorbei am Campingclub *Flottstelle* weiter bis nach **Ferch** (► Seite 123). Hier fahren wir nach kurzer Strecke am Wasser hoch auf den Berg. Weiter geht es über die Straße Am Mühlengrund, den Glindower Weg und die Fercher Straße durch das nördliche Ferch. An der Fercher Straße liegt linker Hand der sehenswerte **Japanische Bonsaigarten.**

Die Straße führt nun mit leichter Steigung durch den Wald vorbei an Löcknitz bis zum **Schloss Petzow** (► Seite 116) mit dem schönen Schlosspark. Links liegt der **Sanddorn-Frucht-Erlebnisgarten** mit dem Restaurant *Orangerie am See*. Weiter geht es parallel zum Schwielowsee Richtung Geltow, vorbei am *Resort Schwielowsee*. Am Kreisverkehr hinter dem Resort geht es rechts und hinter der Brücke ebenfalls wieder rechts am Ufer entlang auf den Weg Baumgartenbrück.

Kurz vor Geltow biegen wir links in die Caputher Chaussee ein, dann rechts in die Straße Am Petzinsee. Immer am Ufer entlang kommen wir bald zu einer kleinen **Badestelle,** dahinter liegt ein **Fahrradrastplatz.** Weiter geht es immer am Ufer des Templiner Sees entlang vorbei am Olympiastützpunkt im Stadtteil Cecilienhöhe und dem Jachthafen Potsdam bis zum Clubhaus des Segelvereins *Potsdamer Adler*.

Über die Wielandstraße gelangen wir zur Straße Auf dem Kiewitt, in die wir links einbiegen. An deren Ende biegen wir nach rechts in die Zepplinstraße und hinter einem Gebäuderiegel gleich wieder rechts in die Breite Straße ein. Hier steht das **Dampfmaschinenhaus** für die Wasserspiele im Park Sanssouci, das im Stil einer Moschee erbaut wurde. Weiter auf der Breiten Straße und über die Lange Brücke erreichen wir wieder den Hauptbahnhof Potsdam.

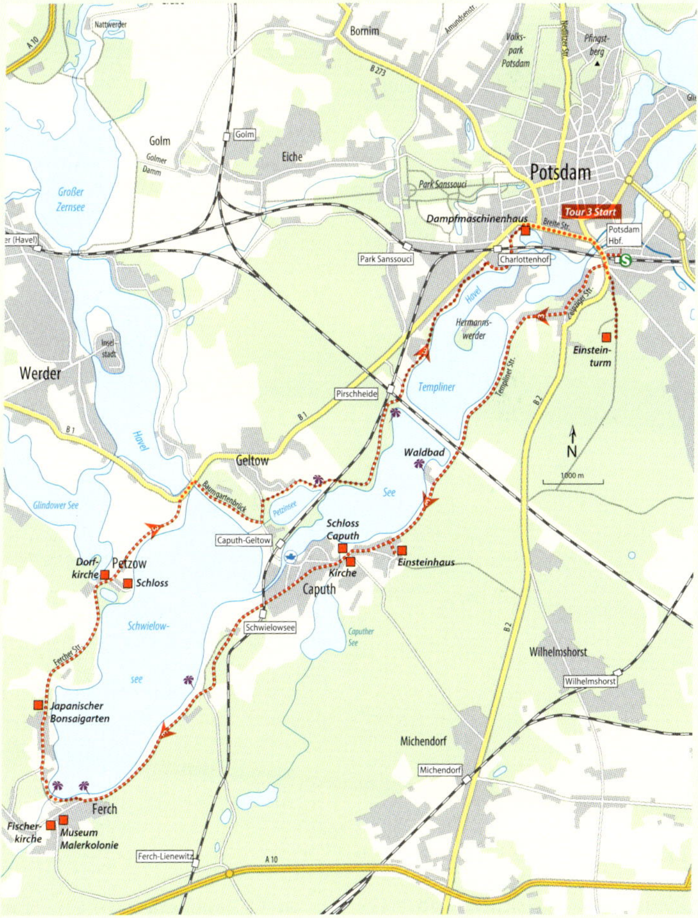

Caputh

„Komm nach Caputh, pfeif auf die Welt", das schrieb Albert Einstein an seinen Sohn. Der berühmte Wissenschaftler verlebte im Caputher Sommerhaus die glücklichsten Jahre seines Lebens.

Auch heute noch kann man in dem kleinen Örtchen herrlich abschalten. Direkt an zwei Havelseen, dem Templiner und dem Schwielowsee, gelegen, umgeben von Wäldern und sanften Hügeln, bieten sich zahlreiche Möglichkeiten für Wassersport, Wander- und Radtourismus – und schöne Plätze zum Entspannen.

Sehenswert sind das liebevoll sanierte **Barockschloss,** das auf einem Hügel stehende **Einsteinhaus,** der **Fähranleger** sowie die **Dorfkirche.** Vom 75 Meter hohen **Krähenberg,** hat man einen wunderschönen Ausblick.

Der Name „Caputh" soll aus dem Wendischen stammen und „Entenfänger" bedeuten. Erstmalig erwähnt wurde der Ort 1317 vom Markgrafen Waldemar. Schiffer lebten hier, transportierten Ziegel aus dem Havelland nach Berlin und Hamburg.

Die Kurfürstin Dorothea von Brandenburg ließ im 17. Jahrhundert Weinberge und Obstplantagen anlegen. Der Wein wurde in einem Lokal in der Spandauer Vorstadt ausgeschenkt. In Caputh hatte damals fast jede Familie Weinranken an der Sonnenseite ihres Hauses und kelterte den eigenen Wein. Mit dem Beginn der Badekultur im ausgehenden 19. Jahrhundert wurde Caputh zunehmend zu einem Erholungsort.

Heute gibt es am Wasser eine schöne Promenade. Am so genannten Gemünde kann man herrlich flanieren oder in Cafés sitzen. Von Caputh fährt eine Autofähre nach Geltow.

Das Caputher Gemünde lädt zum Flanieren ein

Das Schloss Caputh ist trotz seiner 350-jährigen Geschichte fast unverändert

Einsteinhaus

Bevor der jüdische Nobelpreisträger Albert Einstein Deutschland für immer verließ, verlebte er von 1929 bis 1932 schöne Jahre in seinem Sommerhaus in Caputh. Architekt war der junge Konrad Wachsmann. Das Äußere sowie die Inneneinrichtung wünschte sich Einstein schlicht, nach Bauhausart. „Das Segelschiff, die Fernsicht, die einsamen Herbstspaziergänge, die relative Ruhe, es ist ein Paradies", so der Physiker über seinen Zufluchtsort. Heute verwaltet das *Einstein Forum* die Liegenschaft und bietet ganz im Einstein'schen Sinne öffentliche und wissenschaftliche Veranstaltungen an.

Am Waldrand 15–17 | Ortsteil Caputh | www.einsteinsommerhaus.de | Apr.–Okt. Sa/So/Fei 10–18 Uhr | Nur mit Führung

Schloss und Schlossgarten

Wunderschön am Templiner See liegt das 1662 erbaute Lustschloss des Großen Kurfürsten Friedrich Wilhelm von Brandenburg. Sehenswert sind die fürstlichen Wohnräume des preußischen Herrscherpaares, außerdem der Fliesensaal mit 7500 holländischen Fayencefliesen, der Festsaal sowie das Porzellankabinett. Im Schlosshof gibt es im Sommer Kaffee und Kuchen.

Straße der Einheit 2 | www.spsg.de | Mai–Okt. Di–So 10–17.30 Uhr, Nov.–März Sa/So/Fei 10–16 Uhr | Nur mit Führung

Ausstellung: Einsteins Sommer-Idyll in Caputh

Interessante Ausstellung im Bürgerhaus. Wissenswertes zu Leben und Werk Albert Einsteins sowie zu Konrad Wachsmann, dem Architekten des Einsteinhauses.

Straße der Einheit 3 | www.sommeridyll-caputh.de | Apr.–Okt. Di–So 11–17 Uhr, Nov.–März Sa/So 11–17 Uhr

Heimathaus
Liebevoll gestaltetes historisches Museum über das Leben und Arbeiten der Caputher vor über 100 Jahren.
Krughof 28 | www.heimatvereincaputh.de | Apr.–Okt. Sa/So 15–18 Uhr

Handweberei Jeansch-Zeymer
Im mit der Fähre erreichbaren Nachbarort Geltow: Älteste und größte noch produzierende Handweberei in Deutschland mit 16 Handwebstühlen, die 200 bis 300 Jahre alt sind. Leinenladen, Museum, Café.
Am Wasser 19 | Di–So 11–17 Uhr
www.handweberei-geltow.de

Caputher Gemünde mit Seilfähre
Zum Flanieren lädt das Gemünde ein. Hier legen die Dampfer für eine Rundfahrt ab, aber auch die Seilfähren, die es seit 1853 gibt, bis heute ein Familienunternehmen.
Fähre Caputh –Geltow | Weinbergstraße 2 | www.faehre-caputh.de | Apr.–Nov. tgl. 6–22 Uhr, Dez.–März bis 20 Uhr

Hinkommen

Bahn/Bus: RB 23 stdl. sowie Buslinie 607 mehrmals stündlich ab Potsdam Hbf

Gut gebettet

Campingplatz Himmelreich
Der Campingplatz erstreckt sich auf der Halbinsel Wentorf vier Kilometer am Wasser entlang. Plätze frei wählbar, mit Bootsstegen, Badestränden, Restaurant, Imbiss sowie Boots- und Fahrradverleih. Neuer, großer Spielplatz, Haustiere willkommen.
Wentorfinsel 38 |
www.berlin-potsdam-camping.de

Haveltreff
Sympathisches Aparthotel mit hübschen Zimmern und Suiten.
www.haveltreff.de | €€€

Von Suppe bis Torte

Fährhaus Caputh
Schon seit der Jahrhundertwende liegt der Gasthof an der Fähre, seit 35 Jahren ist er in Familienbesitz. Schöner Wintergarten und Terrasse direkt an der Havel, leckere regionale Gerichte, täglich frischer Blechkuchen.
Straße der Einheit 88 |
www.faehrhaus-caputh.de

Die Zwillinge 1983
Essen bei Freunden und richtig was auf den Teller, Restaurant im Aparthotel Haveltreff, direkt am Wasser: Jung, frisch, international. Gute-Laune-Küche vom Feinsten, auch Havelzander aus dem Schwielowsee.
Weinbergstraße 4 |
www.diezwillinge1983.de |
Mo–Di 17–21, Fr–So 12–21 Uhr

Aktiv & sportlich

Seebad Caputh
Breiter Sandstrand und Südseefeeling im Beachcafé am Schwielowsee.
Weg zum Strandbad 1 |
www.seebad-caputh.de |
15. Mai–Sep. tgl. ab 10 Uhr

Bootsverleih

Bootsvermietung Caputh
Verleih von Motorbooten, Flößen,. Kanus, SUPs, Bootsfahrschule
Weberstraße 82 |
www.caputh-boote.de

Ferch

Das kleine Dorf am Ufer des Schwielowsees war einst eine Künstlerkolonie.

Am Ende des Dreißigjährigen Krieges, um 1648, lebte nur noch eine Frau in dem kleinen Bauerndorf Ferch. Einhundert Jahre später waren es schon 252 Bewohner. Die ältesten Gebäude sind neben der Dorfkirche die Bauernkaten in der Dorfstraße 7–13 sowie das „Kossätenhaus", was wohlhabenden Bauern gehörte. Seit 2008 ist es das Museum der Havelländischen Malerkolonie. Bei einem Ausflug in die Mark im Jahre 1878 entdeckte der Maler Karl Hagemeister (1844–1933) das malerische Dorf am Schwielowsee. Er ließ sich dort mit seinem Freund Carl Schuch (1846–1903) nieder. Die ruhige, naturnahe Gegend bot den Landschaftsmalern viele Motive, durch die neu entstandenen Verkehrsverbindungen war es dennoch nicht weit nach Berlin. Bald kamen auch noch andere Maler aus der Großstadt. In Ferch gab es sehr viele Solisten und keine geschlossene Gruppe wie in anderen Künstlerkolonien. Auch heute noch leben viele bildende Künstler rund um den Schwielowsee.

Blick auf den Schwielowsee in Ferch

Der Uferweg in Ferch ist malerisch schön mit einer Badeanstalt und kleinen Lokalen am Wasser. Doch von der Seeseite sollte man den Blick nicht allzu oft abwenden – die neu gebauten, teils riesigen Villen treffen nicht jedermanns Geschmack. Ob verschnörkeltes Neuschwanstein oder schmutziggraue Betonklötze – ein harmonisches Ortsbild geht anders. „Jeder nach seiner Fasson", hätte der Alte Fritz wohl gesagt, aber von einem malerischen „Künstlerdorf" sollte man in Ferch nicht mehr sprechen. Trotzdem lohnt der Besuch schon wegen der **Fischerkirche,** des **Bonsaigartens** und des **Museums der Havelländischen Malerkolonie.**

Museum der Havelländischen Malerkolonie

Ehemaliges Kossätenhaus, schön restauriert, beherbergt eine Ausstellung mit Werken havelländischer Künstler. Der Förderverein *Havelländische Malerkolonie e. V.* würdigt hier die Landschaftsmaler Karl Hagemeister und Carl Schuch sowie zeitgenössische Künstler.

Beelitzer Straße 1/Ecke Dorfstraße | Ortsteil Ferch
www.havellaendische-malerkolonie.de

Fischerkirche

Die denkmalgeschützte Fercher Fischerkirche stammt aus dem 17. Jahrhundert. Die Decke hat die Form eines auf dem Kopf liegenden Kahns und ist mit Wolken bemalt. Die Schlüssel zur Kirche sind im Museum der Havelländischen Malerkolonie erhältlich.

Beelitzer Straße 3 |
kreuz-kirchengemeinde-bliesendorf.de

Auch solch romantische Ecken kann man in Ferch noch finden

Ein exotische Ruheoase: der Japanische Bonsaigarten in Ferch

Japanischer Bonsaigarten

Schöner Platz zum Entspannen im Zen-Garten. Beschaulich zu jeder Jahreszeit. Bis zu 180 Jahre alte Bonsai-Bäume, Teekeramik und anderes können erworben werden. Regelmäßige Sonderausstellungen. Teehaus mit Tee aus Japan, aber auch aus anderen Ländern.

Fercher Straße 61 | www.bonsai-haus.de

Hinkommen

Bus: Linie 607 stündlich ab Potsdam Hbf

Gut gebettet

Hotel und Restaurant Haus am See

3-Sterne-Hotel, gemütlich und direkt am Schwielowsee. Restaurant mit schönem Biergarten, gute Preise, Bootsverleih, auf dem benachbarten Campingplatz Fahrradmiete.

Neue Scheune 19 | www.hotel-hausamsee.de | €

Von Suppe bis Torte

Restaurant Bootsklause Ferch

Deutsche Küche ohne Schnörkel, direkt am Schwielowsee. Mit Wintergarten und schöner Außenterrasse. Gutes Preis-Leistungs-Verhältnis.

Seeweg 5 | www.gastro-bootsklause-ferch.de

Theater

Fercher Obstkistenbühne

Kleinkunst vom Feinsten. Das ganze Jahr über ist hier was los, ob drinnen im Kaminzimmer oder draußen auf der Open-Air-Bühne im Hof eines zweihundert Jahre alten Bauernhauses. Hier werden von Ingrid und Wolfgang Protze und ihrem Ensemble selbst geschriebene Lieder, Gedichte und Geschichten über Land und Leute vorgetragen. Sehr unterhaltsam, Kaffee und Torte gibt es auch.

Dorfstraße 3a | www.fercherobstkistenbühne.de

Brandenburg an der Havel

Brandenburg an der Havel

Brandenburg an der Havel ist die Wiege der Mark Brandenburg. Beeindruckend sind gleich drei mittelalterliche Stadtkerne mit dem mächtigen Dom, die imposanten Backsteinkirchen sowie zahlreiche Museen. Die idyllische Lage am Wasser bietet ein ganz besonderes Flair.

Erste Orientierung

Brandenburg hat drei Stadtkerne: die Dominsel, die Altstadt und die Neustadt. Umgeben von einer riesigen Fluss- und Seenlandschaft verbinden rund 80 Brücken die einzelnen Stadtteile. Es gibt sieben Kirchen, vier Stadttortürme und ein Kloster. Vom Hauptbahnhof kommend erreicht man zuerst die Neustadt mit dem St. Paulikloster und der St. Katharinenkirche. Rund um den Neuen Markt herrscht lebendiger Einkaufstrubel. Von dort geht es nördlich über den Mühlendamm zur grünen Dominsel. Westlich führt die Jahrtausendbrücke in die Altstadt mit dem alten Rathaus, davor steht der Roland. Rechts und links der Brücke erstreckt sich ein breiter Grünzug, ideal, um auf zahlreichen Terrassen am Wasser zu sitzen, ob tagsüber oder abends mit einem Glas Wein. Südwestlich der Altstadt liegen die Gedenkstätten und das Industriemuseum. Hier führt die Straße weiter nach Schloss Plaue und zum alten Industriestandort Kirchmöser. Einen schönen Rundblick hat man nach der Besteigung der Friedenswarte vom Marienberg.

Das Beste in Brandenburg an der Havel

★ **Dom auf der Dominsel:** Eine der frühesten Backsteinkathedralen (▶ Seite 130)

★ **Archäologisches Landes-Museum Brandenburg:** Mit mehr als 10.000 Exponaten im Paulikloster (▶ Seite 130)

★ **Roland und Rathaus:** Imposanter Backsteingotikbau mit norddeutscher Ritter-Sandsteinfigur (▶ Seite 134)

Hauptstadt der Mark

Brandenburg ist die älteste märkische Stadt und war einst die Hauptstadt der Markgrafschaft Brandenburg. Die Stadt wurde 1170 erstmals urkundlich erwähnt, aber bereits 948 ist die Gründung des Bistums Brandenburg verzeichnet. Im 13. und 14. Jahrhundert war hier das politische und wirtschaftliche Zentrum des Landes. Der erste Kurfürst von Brandenburg war Friedrich I. aus dem Hause Hohenzollern, 1411 vom deutschen König Sigismund zum Verwalter der Mark ernannt. Der Niedergang der Chur- und Hauptstadt begann erst im Jahre 1571, als Berlin zur kurfürstlichen Residenzstadt aufstieg. Im Dreißigjährigen Krieg (1618–48) verlor Brandenburg zwei

◀ *Die Rolandstatue bewacht das zwischen 1460 und 1470 erbaute Rathaus am Altstädtischen Markt*

Brandenburg a.d. Havel

Gründung: 948 (Bistum)
Verwaltung: Kreisfreie Stadt, eines von vier Oberzentren im Land Brandenburg
Einwohner: 73 609 (31. Dez. 2022)
PLZ: 14770–14776
Vorwahl: 0 33 81
Fläche: 229,71 km²
Geografische Lage: An der Havel, 70 km westlich von Berlin
Wirtschaft: Druckmaschinenbau, Elektrostahlwerk, Getriebewerk (größter Autoteilezulieferer im Land Brandenburg), Schienen- und Weichenbau.

Drittel seiner Bevölkerung. Im Jahre 1715 bestimmte der preußische König Friedrich Wilhelm I., die Zusammenlegung von Neu- und Altstadt. Die Dominsel mit dem Dom blieb bis 1929 selbstständig.

Industriestandort und dunkle Vergangenheit

Erst Ende des 19. Jahrhunderts gelang Brandenburg wieder ein wirtschaftlicher Aufschwung. 1871 erfolgte die Gründung der Firma Brennabor, 1881 entstanden die Wiemann-Werft und die Excelsior-Fahrradwerke, 1913 dann der Bau des Stahl- und Walzwerkes Brandenburg, seinerzeit das modernste seiner Art auf der Welt. In der Zeit des Nationalsozialismus ab 1933 wurde Brandenburg zum wichtigen Standort der Rüstungsindustrie, gleichzeitig richteten die Nazis das berüchtigte Zuchthaus Brandenburg-Görden ein. In einer Euthanasie-Mordanstalt wurden mehr als 9000 Kranke und Behinderte ermordet. Brandenburg erlebte zwischen 1944–45 zahlreiche Luftangriffe und wurde stark zerstört.

Alles im Umbruch

Im Sozialismus erinnerte man sich an die Industrietradition. 1950 entstand ein neues Stahl- und Walzwerk. Für die Arbeiter wurden große Wohnviertel gebaut. Am Beetzsee eröffnete 1968 die Regattastrecke, wo noch heute internationale Wettbewerbe ausgetragen werden. Noch 1988 baute man ein großes Elektrostahlwalzwerk. Brandenburg wuchs durch die Eingemeindung von Kirchmöser und Plaue auf rund 100000 Einwohner an. 1989 gründete sich in Brandenburg das Neue Forum, es gab zahlreiche Bürgerproteste und Demonstrationen.

Brandenburg heute

In der Nachwendezeit mussten einige Großbetriebe schließen, etliche Menschen verließen die Stadt. Trotzdem blieb Brandenburg eine Stahlwerkerstadt, wenn auch nicht mehr so mächtig. Stattdessen gründeten sich mehrere kleine Firmen. 1996 wurde die Jahrtausendbrücke neu gebaut, die Neu- und Altstadt vorbildlich saniert. Es entstand eine touristische Infrastruktur mit Hotels, Restaurants, Radwegen und Bootsverleih. Brandenburg wurde Austragungsort von Welt- und Europameisterschaften im Ruder- und Kanusport. Durch die BUGA 2015 gewann der Ort zahlreiche schöne Grünanlagen und Flaniermeilen entlang der Havel. Heute hat Brandenburg zwei Hochschulen: die Technische Hochschule, eine Fachhochschule und seit 2014 die private Medizinische Hochschule. Es gibt einige neue Kultureinrichtungen und Bibliotheken, das Theater hat sogar ein eigenes Symphonieorchester. Die Brandenburger Symphoniker sind international bekannt und beliebt. 2023 war Brandenburg eine der Host Towns für die Special Olympics World Games in Berlin. Seit ein paar Jahren steigen die Einwohnerzahlen wieder kontinuierlich. Die Lebensqualität ist hoch mit erträglichen Mieten, guter Infrastruktur, Kultur- und Freizeitmöglichkeiten sowie einer wald- und wasserreichen Umgebung.

Buchtipp: Havelgift: Brandenburgkrimi
von Jan Wiersch
(Prolibris Verlag, 2022)

Ein Obdachloser findet eine Leiche im Brandenburger Paulikloster. Kommissar a. D. Jo Barrus ermittelt.

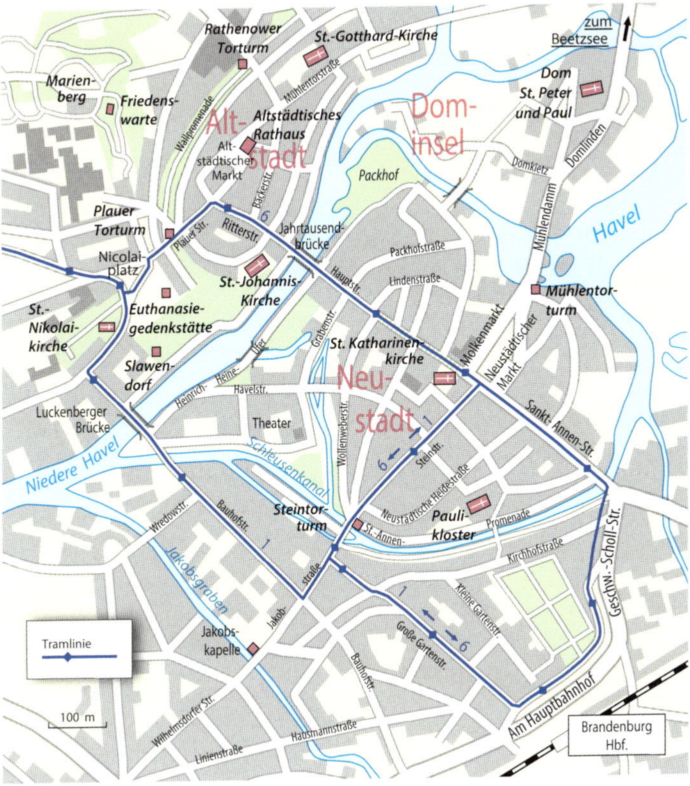

Das Paulikloster beherbergt heute das Archäologische Landesmuseum

Sehenswertes

★ Dom zu Brandenburg und Dominsel

Der Dom St. Peter und Paul befindet sich auf der Dominsel, umgeben vom Domquartier mit weiteren interessanten Bauten und schöner Parkanlage. Er ist mehr als 850 Jahre alt und zählt zu den frühesten Monumentalbauten der nordeuropäischen Backsteinarchitektur. Die Innenausstattung ist prachtvoll, besonders die Fenster mit den Glasmalereien aus dem 13. Jahrhundert. Unmittelbar am Dom liegt das Domarchiv mit wertvollen Handschriften. Interessant ist das Dommuseum, weiterhin Sonderausstellungen, Konzerte, Gottesdienste, sowie ein sehr schöner Klosterladen.

Burghof 9 | www.dom-brandenburg.de | Apr.–Okt. Mo–Sa 10–17, So 12–17 Uhr, Nov.–März Mo–Sa 11–16, So 12–16 Uhr

★ Archäologisches Landesmuseum Brandenburg

1286 begann der Bau des Pauliklosters, heute eine der besterhaltenen Klosteranlagen der Backsteingotik im Nordosten Deutschlands. Nach der Wende wurde es saniert und eröffnete 2008 als Archäologisches Landesmuseum. Auf rund 2000 Quadratmetern kann man mehr als 10.000 Exponate bewundern. Einmal im Jahr findet hier der beliebte Regionalmarkt statt.

Im Paulikloster | Neustädtische Heidestraße 28 | Di–So 10–17 Uhr www.landesmuseum-brandenburg.de |

Jahrtausendbrücke

Sie ist die Hauptverbindung zwischen Alt- und Neustadt. Den Namen erhielt sie nicht etwa zur Jahrtausendwende, sondern im Jahre 1929, als Brandenburg tausend Jahre alt wurde. Bereits um 1230 gab es hier eine Holzbrücke, 1945 wurde die

Ausgewilderte Waldmöpse
Loriot lässt grüßen

Überall in Brandenburg an der Havel begegnen einem kleine Bronzeplastiken, die ein ganz besonderes Tier darstellen: den wilden Waldmops. Der Schöpfer des Tiers heißt Loriot.

Er war Schauspieler, Moderator und Karikaturist. Bernhard-Viktor Christoph-Carl von Bülow alias Loriot erfreute die Welt vor allem mit seinem intelligenten Humor. Am 12. November 1923 wurde er in Brandenburg an der Havel geboren – und hier wird er heute auf ganz besondere Weise geehrt. Man findet seine Comicfiguren überall in der Stadt. So sitzt ein knollennasiger Mann auf einer Bank am Alten Markt. Er erinnert an Loriots Kunstfigur Müller-Lüdenscheidt. 1972 stellte Loriot in seinem Sketch „Tierstunde – der wilde Waldmops" erstmalig ein kleines, stupsnasiges Hündchen mit Geweih vor. Brandenburg nahm das zum Anlass, 20 kleine Bronzefiguren des scheuen Waldmopses an sehenswerten Orten aufzustellen. Am besten bucht man eine zweistündige „Mops-Führung" um die Stadt zu erkunden, denn wie sagte Loriot: „Ein Leben ohne Mops ist möglich, aber sinnlos!"

Apr.–Okt., Treffpunkt Touristeninformation |
www.erlebnis-brandenburg.de

Waldmops am Altstädtischen Markt

Brücke gesprengt und 1947 wieder aufgebaut. Der heutige Bau stammt aus dem Jahre 1996. Beliebter Treffpunkt ist das Heinrich-Heine-Ufer, eine treppenförmige Anlage, wo man im Sommer gern in der Sonne sitzt. Direkt an der Brücke gibt es ein Café und einen Eisladen.

Historischer Hafen

Wo die Jahrtausendbrücke von der Neustadt in die Altstadt führt, findet man rechter Hand den Historischen Hafen und die ehemalige Werft Gebr. Wiemann, später VEB Volkswerft „Ernst Thälmann." Von 1867–1962 wurden hier Schiffe gebaut, u. a. die Lina Marie (1901) und die Luise (1910), die dort noch vor Anker liegen. In der alten Werfthalle ist heute ein schönes Restaurant mit Terrasse. Zu Beginn des 20. Jahrhundert war die Werft eine der größten Binnenwerften Deutschlands.

Hauptstraße 77 | Tel. (01 57) 38 69 84 95 | www.historischer-hafen-brandenburg.de

Packhofgelände

Der Packhof direkt nördlich des Historischen Hafens war ein zentraler Austragungsort der BUGA 2015. Das ehemalige Industriegelände der Schiffswerft hat sich in eine grüne Oase mit Gärten, Bühne, Uferweg und Spielwäldchen verwandelt.

St.-Johannis-Kirche

Auf der Altstadtseite, gleich an der Jahrtausendbrücke, steht die Ruine der St. Johanniskirche, ein spätgotischer Backsteinbau aus der Mitte des 15. Jahrhunderts. Es handelt sich um eine ehemalige Klosterkirche der Franziskaner. 2014–2016 wurde die Ruine umfangreich gesichert und mit einer Glasfront modernisiert. Bei der Sanierung wurden 600 Jahre alte Wandmalereien in den Chornischen entdeckt. Dank einer beispiellosen Spendenaktion der Brandenburger Bürger, mit Hilfe des Landes Brandenburg sowie der Ost- und Mitteldeutschen Sparkasse konnten bis

Über den Domsteg zur grünen Dominsel

In der mächtigen St. Katharinenkirche finden hervorragende Orgelkonzerte statt

2020 diese wertvollen Kunstschätze nach und nach gerettet werden. Heute gibt es Gottesdienste und Veranstaltungen in der Johanniskirche.

St. Katharinenkirche

In der Neustadt findet man die mächtige Katharinenkirche, ein herausragendes Meisterwerk der norddeutschen Backsteingotik. Der Bau der dreischiffigen, spätgotischen Hallenkirche begann im Jahre 1380. Sie ist die größte Kirche der Stadt mit spätgotischen Ausmalungen und beeindruckenden Glasfenstern. Zur überaus reichen Innenausstattung gehört ein wunderschöner Flügelaltar von 1474. Die Orgel ist die größte und vielfältigste in Ostdeutschland. 2019/20 wurde sie noch einmal erweitert. Eine Kirchturmbesteigung ist auf Anfrage möglich.

Katharinenkirchplatz 13 |
Mo–Sa 10–16, So 13–16 Uhr

St. Gotthardtkirche

Die Anfänge von St. Gotthardt gehen auf das Jahr 1147 zurück. Mit dem imposanten Feldsteinturm ist sie nicht nur die älteste Kirche der Stadt, sondern auch des Landes Brandenburg, gleichzeitig war sie die erste Bischofskirche der Mark Brandenburg und wird manchmal mit dem Dom verwechselt. Die prächtige Innenausstattung zeugt vom Reichtum der einstigen Hansestadt. Vicco von Bülows, alias Loriot, wurde im Jahre 1923 in dieser Kirche getauft. Sie beherbergt eine Ausstellung zur Stadtgeschichte und zum Leben Loriots.

Gotthardtkirchplatz 8 |
www.gotthardtkirche.de |
Tgl. geöffnet

★ Roland und Rathaus

Das Altstädtische Rathaus wurde von 1460–1470 errichtet. Der zweistöckige Prachtbau der Backsteingotik mit Staffelgiebel und Turm ist heute wieder Sitz der Stadtverwaltung. Rechts neben dem Hauptportal steht der Roland. Der Ritter in Rüstung mit Schwert aus dem Jahre 1474 war ein Symbol der Rechtsordnung im Rathaus. Die Sandsteinfigur ist 5,35 Meter hoch und stand ursprünglich am Neustädtischen Rathaus, das im Zweiten Weltkrieg zerstört wurde. Am 6. März 1946 zog er vor das Altstädter Rathaus um.

Altstädtischer Markt 10

Gedenkstätte für die Opfer der Euthanasie-Morde

Im Alten Zuchthaus in der Innenstadt wurden 1939 sechs Mordstätten im Rahmen der systematischen Krankenmorde durch die Nationalsozialistischen („Aktion T-4") eingerichtet. Allein 1940 wurden hier mehr als 9000 Kranke aus psychiatrischen Krankenhäusern aus Nord- und Mitteldeutschland durch Giftgas getötet.

Nicolaiplatz 28/30 | www.brandenburg-euthanasie-sbg.de | Dauerausstellung Do/Fr 13–17, Sa/So/Fei 10–17 Uhr, Führungen nach Anmeldung

Friedenswarte auf dem Marienberg

Der runde, gläserne Turm ist weithin sichtbar. Die Friedenswarte von 1974 ist ein Aussichtsturm auf dem 50 Meter hohen Marienberg. Er ist 32,50 Meter hoch und hat innen zwei getrennte Wendeltreppen mit je 180 Stufen. Hier bietet sich ein toller Ausblick über die Stadt. Umgeben ist der Turm von einer schönen Parkanlage mit einem Gartenrestaurant.

Marienberg 3 | www.stg-brandenburg.de | Apr.–Juni Do–So 10–17, Juli–Aug. Di–So 10–17, Sep./Okt. Fr–So 10–17 Uhrr

Die Jahrtausendbrücke verbindet Alt- und Neustadt

Der original erhaltene Siemens-Martin-Ofen ist heute Teil des Industriemuseums

Außerhalb der Innenstadt

Industriemuseum

Die ehemalige Stahlwerkshalle ist auf 3400 m² mit Führungen zu besichtigen. Der riesige, originalgetreu erhaltene Siemens-Martin-Ofen gilt als letzter in Westeuropa. Eine gigantische, sehenswerte Anlage, auch mit der Ausstellung zur ehemaligen Firma *Brennabor,* die bis 1945 Kinderwagen, Fahrräder und Autos hertstellte.

August-Sonntag-Straße 5 | www.industriemuseum-brandenburg.de | Di–So/Fei 10–17 Uhr, Nov.–Feb. bis 16 Uhr

Gedenkstätte Zuchthaus Brandenburg-Görden

Zwischen 1940 und 1945 wurden im Zuchthaus Brandenburg-Görden durch die NS-Justiz rund zweitausend Menschen hingerichtet. Nur mit Führung zu besichtigen. Voranmeldung erforderlich.

Anton Saefkow-Allee 38 | Tel. (0 33 81) 3 28 74 75 | www.stiftung-bg.de | Dauerausstellung im ehemaligen Direktorenhaus Do/Fr 13–17, Sa/So 10–17 Uhr | Tram 1 bis Endhaltestelle Anton-Saefkow-Allee

Praktische Tipps

Hinkommen

Bahn: RE 1 alle 20 Min. von Frankfurt/ Oder über Berlin Hbf sowie stündlich ab Magdeburg Hbf
Nahverkehr vor Ort: Die *Verkehrsbetriebe Brandenburg an der Havel GmbH* betreiben Bus- und Tramlinien innerhalb der Stadt und in die äußeren Stadtteile. Wichtige Knotenpunkte sind die Haltestellen Hauptbahnhof, St.-Annen-Straße, Jacobstraße und Fontanestraße.

Gut zu wissen

Touristinformation Brandenburg an der Havel
Vermittlung von Unterkünften, Organisation von Stadtführungen, Infomaterialien, Tickets.
Neustädtischer Markt 3 | 14776 Brandenburg an der Havel | www.erlebnis-brandenburg.de | Mo–Fr 9.30–18.30 | Sa 10–15 Uhr

Stadtführungen
Entdecker-Tour von der Neustadt bis zum Dom (1 Std. | Apr.-Okt.)
Schnuppertour durch die Altstadt (1 Std. | Apr.-Okt.)

Der Mühlentorturm zwischen Neustadt und Dominsel

Mops-Führung (2 Std. | Apr.-Okt.)
Mönchsführung (1,5 Std. | Sep./Okt.)
Treffpunkt immer an der Touristinformation | www.erlebnis-brandenburg.de |

Gut gebettet

Hotel Brandenburger Dom
Schöne Lage direkt am Dom in der ehemaligen Domkurie. 22 individuell eingerichtete Zimmer, auch barrierefrei. Dazu gehört das Restaurant Remise mit schöner Terrasse im Burghof, saisonal-regionale Küche.
Burghof 11 |
www.hotel-brandenburger-dom.de | €€

havelblau Ferienlofts
Auf der südlichen Altstadtseite befinden sich 15 Luxuslofts in der alten Kammgarnspinnerei. Sehr stilvoll eingerichtet, behindertenfreundlich. Urlaub mit Haustier und Boot sind möglich, Anleger vorhanden, dazu gibt es ein himmlisches Genussfrühstück direkt am Wasser. Einkaufsmöglichkeiten sind in der Nähe.
Rezeption: Zur Kammgarnspinnerei 18 |
www.havelblau.de | €€€

Camping & Wasserwanderrastplätze

Wassersportzentrum Alte Feuerwache
Übernachten im Sommerhäuschen, Ferienwohnung, Campinghäuschen oder Zelt, natürlich am Wasser. Verleih von Kanus und Fahrrädern. Alles sehr modern und freundlich im skandinavischen Stil, im Südwesten der Stadt direkt am Havelradweg gelegen.
Franz-Ziegler-Straße 28 |
wassersportzentrum-alte-feuerwache.de

Marina Niederhavel
Marina mit Anleger, Bootsvermietung und Pension im Südwesten der Stadt. Führerscheinfreie Hausboote mieten und Pensionszimmer mit Wasserblick. Komfortable Ausstattung, dazu gehört das italienische Restaurant Casa Bianca.
Wiesenweg 13 | Mo/Mi 17–23,
Fr–So 11.30–23 Uhr, Di Ruhetag |
www.marina-hausboote.de

Stadtmarina Brandenburg
Idyllisch gelegen, nördlich der Altstadt. Boote, Watercamper oder SUPs mieten oder mit dem eigenen Boot anlegen. Stellplätze für Wohnmobile und Caravans. Umfangreicher Service mit Piratendorf für Kinder, Snack- und Cocktailbar, modern und sauber.
Am Hafen 7 |
www.stadtmarina-brandenburg.de

Wasserwanderrastplatz Beetzsee
Zehn Kilometer nördlich in Brielow am Beetzsee gelegen. Caravanstellplätze, Ferienhäuser, Bootsanleger, Bootsvermietung, Hotel und Restaurant BeetzseeTerrassen. Kleine Anlage, aber persönlich und schönes Rundumpaket für Wasserratten mit eigenem Badestrand.
Seestraße 4 | 14778 Beetzsee (OT Brielow) |
www.marina-am-beetzsee.de

Von Suppe bis Torte

Cafébar im Brückenhäuschen
Winzige Cafébar mit sehr gutem Kaffee, auch „to go" im Mehrwegbecher, köstliche Törtchen aller Geschmacksrichtungen, Softeis. Mit Kanuverleih!
Ritterstraße 76 | www.cafebar-kanu.de |
Tgl. 8.30–17.30 Uhr

Ristorante La Famiglia
Schön gelegen, direkt an der Havel in der ehemaligen Werft, in der bis 1962 Schiffe gebaut wurden. Freundliche

Fritze Bollmann
Ein Brandenburger Original

„In Brandenburg uff´n Beetzsee, da steht ein Fischerkahn und darin sitzt Fritze Bollmann mit seinem Angelkram. Fritze Bollmann wollte angeln, doch da fiel die Angel rin, Fritze Bollmann wollt se langen, doch da fiel er selber rin."

Das eigentlich achtstrophige Lied war früher ein beliebter Gassenhauer. Tatsächlich gab es die Person Fritze Bollmann alias Johann Friedrich Bollmann. Er führte von 1882 bis 1896 ein Barbiergeschäft in Brandenburg. Kinderreich, verarmt und alkoholkrank wurde er zur Spottfigur des Ortes.

Als Bollmann eines Tages auch noch beim Angeln ins Wasser fiel, kannte der Hohn kein Ende und es entstand dieses Lied. Bollmann war eigentlich eine tragische Figur und starb später verarmt an Krebs. In der Neustadt erinnert der Anglerbrunnen des Bildhauers Carl Lühnsdorf aus dem Jahre 1924 an ihn. Auch die Ortsnamen Bollmannsruh am Beetzsee oder das Bollmannufer gehen auf diese Geschichte zurück.

Der Fritze-Bollmann-Brunnen erinnert an das Brandenburger Original

Bedienung, leckeres italienisches Essen, große Terrasse am Wasser.
Hauptstraße 77 |
www.ristorante-la-familia.de |
Di–So 12–22 Uhr

Theaterklause
Genuss und Kultur, Sonntagsbrunch, Live-Musik. Schöne Speisekarte mit modernen, leichten und deftigeren Gerichten, kleine Terrasse, niveauvolle Weinauswahl.
Grabenstaße 14 | www.theaterklause.com | Mi-Sa 17–22, So 12–20 Uhr

Der Kartoffelkäfer
Beliebtes Restaurant in der Neustadt. Historisch-rustikales Ambiente mit uriger Kartoffelküche.
Steinstraße 56 | Tgl. ab 11–23 Uhr |
www.derkartoffelkaefer.de |

Restaurant an der Dominsel
Familiengeführtes Restaurant und Weinsalon, Terrasse mit schöner Aussicht aufs Wasser und den Dom, regionale, saisonale Küche, sehr gute Weinauswahl, geschmackvolle Einrichtung.
Neustädtische Fischerstraße 14 |
www.restaurant-dominsel.de

Café Pauline
Nettes Café mit Terrasse im Paulikloster. Selbst gebackene Torten, deftigen Suppen und regionale Köstlichkeiten. Spezialität: die mit Blattgold verzierte Torte Pauline!
Neustädtische Heidestraße 28 |
www.cafe-pauline.de |
Mo-Sa 11.30–22, So 11.30–15 Uhr

Kaufen & stöbern

Quer durch die Neustadt führt die Haupteinkaufsstraße mit Filialen der großen Ketten in der *Sankt-Annen-Galerie* und mit kleineren Läden in der *Bollmannpassage*. Es gibt auch viele individuelle Läden rechts und links der Hauptstraße, die eine Entdeckung wert sind.

Wichern Buchhandlung
Sehr engagierte Buchhandlung mit aktueller Belletristik, christlicher Literatur und einem großen Sortiment an Kinderbüchern und Schreibwaren. Jeden Donnerstag Bilderbuchkino. An der Jahrtausendbrücke.
Ritterstraße 69 |
www.wichern-buchhandlung.de

Weidelounge
Liebevoll eingerichteter Teeladen mit 70 Sorten Tee, leckeren Pralinen, Schokolade, Gebäck. Außerdem romantisches Restaurant am Wasser mit kleiner Terrasse, Frühstück, Brunch, Bowls, regionale, moderne Küche und leckere Cocktails am Abend.
Mühlendamm 20 | www.weidelounge.de |
Restaurant: tgl. 8.30–22 Uhr,
Teeladen: Mo–Sa 10–18 Uhr, Mi Ruhetag

Dürerhaus Hans-Peter Zahn
Große Auswahl an Geschenkideen für jeden Anlass, ob Kunsthandwerk aus dem Erzgebirge, Bunzlau und Bürgelkeramik, Glaskunst oder Feines Design aus regionalen Manufakturen.
Hauptstraße 54 | Mo–Fr 10–18 Uhr, Sa 10–13 Uhr | www.duererhaus.de

BranneKaff[ə]
Kleiner, liebevoll gemachter Laden der sehr guten Kaffee verkauft sowie regionale Produkte: Schokolade, Gewürze, Senf oder Liköre. Kaffee-Tasting, gemahlene oder ganze Bohnen.
Hauptstraße 41 | www.brannekaffe.de |
Mi/Do/Sa 10–18, Fr 11–18 Uhr

Kunst & Kultur

Brandenburger Theater
Geboten werden Musik- und Tanztheater, Konzert, Schauspiel, Lesungen, Puppentheater, Kinder- und Jugendtheater sowie Kabarett und Kleinkunst. Bespielt werden das Große Haus, die Studiobühne, deren Foyers sowie eine Puppenbühne. Die Ensembles treten auch im Dom, im Paulikloster oder unter freiem Himmel auf.
Grabenstraße 14 | www.brandenburgertheater.de

Fontane-Klub
Kulturinstitution direkt an der Jahrtausendbrücke. Kabarett, Theater, Comedy, Lesungen, Kino, Konzerte. Das angeschlossen *Ristorante Toto* hat eine tolle Terrasse, direkt an der Havel. Es gibt moderne, italienische Küche zu guten Preisen, erfrischende Cocktails und manchmal auch Disco.
Ritterstraße 69 | www.event-theater.de | Ristorante Toto: www.ristorante-toto.com | Mo/Di 17–22, Mi–So 12–22 Uhr

Aktiv & sportlich

Marienbad
Attraktives ganzjähriges Schwimm- und Erlebnisbad. Wasserrutschen, Planschbecken, Sauna. Im Sommer Freibad, da das Dach geöffnet werden kann. Schwimmkurse, Gastronomie.
Sprengelstraße 1 | www.marienbad-brandenburg.de

Vielfruchthof Domstiftsgut Mötzow
Ausflug mit Erlebnisfaktor, sechs Kilometer nördlich von Brandenburg liegt der Gutshof Mötzow. Geboten werden saisonale Events und Feste, eine Kunstgalerie mit Ausstellungen, der Haustierzoo und die Hofgastronomie

Die frühere Werft auf dem Packhofgelände ist heute ein Restaurant

Das Heinrich-Heine-Ufer an der Havel ist ein beliebter Treffpunkt

mit Themenbuffets zur Spargelzeit oder zum Oktoberfest.
Gutshof 1 | 14778 Beetzseeheide (OT Mötzow) | www.vielfruchthof.de | Di–So 11–17 Uhr (im Sommer bis 19.30 Uhr)

Fahrrad- & Bootsverleih

Radsport Bert
Inhaber Bert Grabsch war 2008 Weltmeister im Einzelzeitfahren. Entsprechend ist sein Know-how, was Fahrräder betrifft. Verkauf, Reparatur und Fahrradverleih, vor allem Trekking- und E-Bikes.
Geschwister-Scholl-Straße 2 | www.radsport-bert.de

Velo Der Fahrradladen
Verkauf, Werkstatt, Verleih.
Brielower Str. 5 | www.fahrradladen-velo.de

Wassersport Geisler
Alles rund ums Boot, direkt im Herzen der Stadt. Service, Verkauf und Verleih von SUPs, Motorbooten, Kanus und Kajaks.
Mühlendamm 1 | www.wassersport-geisler.de

Schiffsausflüge

Nordstern Reederei
Dominsel-, Altstadt- und Mühlenrundfahrt, außerdem Fahrten auf dem Beetzsee oder große Seenrundfahrt. Sonderfahrten nach Plaue, Kirchmöser, Havelberg.
Neuendorfer Straße 70 | www.nordstern-reederei.de | Anleger: Salzhofufer, Alfred-Messel-Platz, Wiesenweg

Reederei Röding
Kleines Familienunternehmen. Altstadtrundfahrten, Tagesfahrten nach Spandau, Fahrten auf dem Beetzsee, Kapitänsdinner, Brunch.
Luckenberger Straße 15 | www.fgs-havelfee.de | Anleger: Salzhofufer

Kirchmöser

Das Wahrzeichen von Kirchmöser ist der 65 Meter hohe **Wasserturm.** Der Brandenburger Stadtteil war lange Zeit ein bedeutender Industriestandort. 1914 wurde die *Königlich-Preußische Pulverfabrik* mit vierhundert Industriegebäuden errichtet, später kamen das Stahl- und Walzwerk, ein Lokomotivwerk und ein Gleisbauwerk dazu. Die Nazis demontierten viele Anlagen, die Sowjets ebenso. Zur DDR-Zeit reparierte man in Kirchmöser sowjetische Panzer. Nach der Wende hatte die Stadt Brandenburg vor allem mit der Beseitigung von Altlasten zu tun, allein 300 000 Tonnen belastetes Erdreich mussten weichen. Auf einem 14 Kilometer langen **Industrielehrpfad** kann man viel über die spannende Geschichte erfahren und noch einiges sehen.

Hinkommen

Bahn: RE 1 stündlich aus Richtung Berlin via Brandenburg Hbf oder aus Richtung Magdeburg von Brandenburg bis Bahnhof Kirchmöser.

Übernachten und Essen

Malge – Gasthaus am See
Zwischen der Stadt Brandenburg und Kirchmöser, direkt am Breitlingsee, liegt das beliebte Ausflugslokal mit Pension, Marina und Campingplatz. Neben Pizza und Pasta gibt es klassische deutsche Gerichte und leckere Eisbecher. Im Sommer großer Biergarten, Kanu- und Motorbootverleih, in der Nähe lädt der Strand an der Malge zum Baden ein.
Malge 2 | 14776 Brandenburg a.d.H. | www.malge.com | €

Die Fischerfamilie Schröder aus Plaue beim jährlichen Fischerjakobi (► Seite 144)

Die Alte Brücke in Plaue stammt aus dem Jahr 1903

Plaue

Kleiner Ort mit großem Erholungswert – Plaue ist ein Stadtteil von Brandenburg an der Havel, der viel zu bieten hat. Spannend ist schon die Anreise über die **Alte Brücke.** Die Stahlkonstruktion der Fußgängerbrücke stammt aus dem Jahre 1903, das Geländer ist mit vielen Jugendstilelementen verziert. In Plaue gibt es nette Gasthöfe, Cafés und ein **Schloss** mit Park. Auch die bekannteste Fischerfamilie des Havellandes ist hier zu Hause. Beliebt ist das jährlich am letzten Juliwochenende stattfindende Traditionsfest – der Fischerjacobi mit großem Bootskorso.

Hinkommen

Bahn/Bus: Von Brandenburg Hbf mit dem RE 1 stündlich nach Kirchmöser, weiter mit dem Bus E/525 nach Plaue

Übernachten und Essen

Schloss Plaue
Romantisches Barockschloss, direkt an der Havel. Teile des Hauses sind saniert. Übernachten geht im Gäste- und Verwalterhaus in Ferienwohnungen und Zimmern, sowie auf dem Wasser im Havel-Chalet. Kulinarische Stärkung bekommt man im *Feinen Saal* oder im Sommer im *Schloss Schänke* auf den Havelterrassen. Kanu-/Kajakverleih.
Schlossstraße 27a | 14774 Brandenburg/Havel (OT Plaue) | www.schlossplaue.de

Camping- und Ferienpark am Plauer See
Schöner Platz unter Bäumen mit Sandstrand und Bootsliegeplatz. Ferienhäuser, Wiese für kleine Zelte, Gastronomie. Vermietung von Hausbooten, Flößen, Kanus sowie Fahrrädern.
Plauer Landstraße 200 | www.camping-plauersee.de

Kaufen & stöbern

Fischerei Lutz Schröder & Söhne
In dreizehnter Generation, nachweislich seit 1650, gibt es den Familienbetrieb am Standort Plaue. Vater Lutz Schröder und auch die Söhne Andreas und Christian sind mit Leib und Seele Fischer. Ihr Revier erstreckt sich von der unteren Havel bis zur Insel Schwanenwerder in Berlin. Der Hofladen bietet frischen, marinierten und geräucherten Fisch, außerdem hausgemachte Salate und Fischplatten. Auf dem *Fischerjakobi,* dem historischen Fischerfest in Plaue, gibt es traditionell *Schröders Aalsuppe.*
Kietzstraße 17a | www.plauer-fisch.de | Mo–Fr 10–17.30, Sa 9–13 Uhr

Kloster Lehnin

Südöstlich von Brandenburg an der Havel liegt die Gemeinde Kloster Lehnin mit insgesamt 14 Ortsteilen, wunderschön eingebettet zwischen Wäldern und Seen.

Hauptattraktionen sind das älteste Zisterzienserkloster der Mark Brandenburg das Kloster Lehnin sowie das Schloss Reckahn. Zahlreiche Wander- und Radwege, kleinere Museen und schöne Einkehrmöglichkeiten laden zur Erholung ein.

Schloss und Rochow-Museum Reckahn

Das Barockschloss Reckahn (1729) war der Herrensitz der Familie von Rochow. Besonders erinnert wird an den Pädagogen, Agrar- und Sozialreformer Friedrich Eberhard von Rochow (1734–1805). Die Rochowsche Musterschule aus dem Jah-

Linda Fischer betreibt eine Handweberei im Kloster Lehnin.

Das Kloster Lehnin ist sehr sehenswert, romantisch zwischen Wald und Wasser gelegen.

re 1773 ist originalgetreu erhalten und zählt zu den zwanzig national bedeutendsten Gedächtnisorten in den neuen Bundesländern. Das Rochow-Museum beherbergt die Dauerausstellung „Vernunft fürs Volk“, im Obergeschoss finden regelmäßig Veranstaltungen statt, u. a. die Havelländischen Musikfestspiele.

Reckahner Dorfstr. 27 |
14797 Kloster Lehnin (OT Reckahn) |
www.reckahner-museen.byseum.de |
Di–Fr 9–16 | Nov.–März Sa/So 10–16, Café 14–16.30 | Apr–Okt. Sa/So 10–17 Uhr, Café 14–17.30 Uhr

Kloster Lehnin

Die Gründung des Klosters Lehnin im Jahre 1180 soll der Legende nach, auf einem Traum des Markgrafen Otto I. (Sohn Albrecht des Bären) zurückgehen. Bei einem Jagdausflug schlief er unter einem Baum ein und hatte einen Traum von einer Hirschkuh, die ihn bedrängte, bis er sie erlegte. Er deutete es als Abwehr gegen die bösen Mächte, die er damals den Wenden unterstellte. Auf Slawisch hieß Hirschkuh Leyne und so ließ er an dieser Stelle das Kloster Lehnin errichten, dessen Bau sich bis ins Jahr 1260 hinzog.

Heute ist die Klosteranlage ein Besuchermagnet mit der großen Klosterkirche St. Marien, einem Meisterwerk der deutschen Backsteingotik, sowie dem Klostergarten, dem Kornspeicher und zahlreichen kleineren Gebäuden. Seit 1911 befindet sich auf dem Gelände das Luise-Henriette-Stift. Eine lange Tradition haben die Lehniner Sommermusiken.

Klosterkirchplatz 12A | Sa/So 14–17 Uhr |
www.klosterkirche-lehnin.de

Touristinfo Kloster Lehnin

Markgrafenplatz 1 | 14797 Kloster Lehnin OT Lehnin | ganzjährig Mi-Fr 10–16, Juni–Sep. 1. u. 3. Sa/So 10–15 Uhr |
www.kloster-lehnin.net

Tour 4: Floßfahrt Untere Havelniederung

Für diese Floßtour durch die wunderschöne Naturlandschaft der Unteren Havelniederung kann man entweder in Plaue oder Brandenburg bei verschiedenen Anbietern gut ausgestattete (Haus-)Flöße mieten.

Charakteristik: Einfache Floßtour auf der Havel

Start & Ziel: Plaue (Stadtteil von Brandenburg a. d. H.)

Strecke: Plaue – Pritzerbe/Kützkow – Bahnitz – Premnitz – Milow – Rathenow und zurück

Entfernung: 70 km (hin und zurück)

Dauer: 3–4 Tage

Einkehrtipp: *Gasthof am Kreuzdamm* in Pritzerbe, *GastHof* in Milow, *Zum Alten Hafen* in Rathenow

Tipp: Genug Trinkwasser und Proviant mitnehmen!

Die Tour startet im Brandenburger Ortsteil **Plaue** (▶ Seite 143), der Anleger ist direkt am **Schloss Plaue.** Während der gesamten Tour ist das Betreten der Ufer im Naturschutzgebiet nur an Naturbadestellen erlaubt. Die Schleusen werden durch die Fernbedienungszentrale in Rathenow gesteuert. In Plaue selbst gibt es noch Einkaufsmöglichkeiten, frischen Fisch und mehrere Restaurants. Nach der Beladung des Floßes geht es los und in nördlicher Richtung unter der Alten Plauer Brücke hindurch.

Weiter fährt man auf der Havel bis **Pritzerbe/Kützkow** (▶ Seite 149). Vor Kützkow kann man am Campingplatz oder direkt in Pritzerbe am rechten Ufer im Jachthafen Pritzerbe anlegen. Sehenswert sind die **Rohrweberei** und die **Kirche.** Aufpassen muss man auf die **Havelfähre,** die von Pritzerbe nach Kützkow verkehrt. Weiter schippert man durch eine Schleuse hindurch nach **Bahnitz** (▶ Seite 151). Hier gibt es einen großen Gemeindeanleger, daneben eine **Badestelle** und einen **Biwakplatz.**

Die Havel verläuft nun in vielen Bögen durch eine herrliche Naturlandschaft bis **Premnitz** (▶ Seite 152). Dort kann man am Bootshafen anlegen oder am Steg nahe der stählernen Skulptur **Galiarde.** In Premnitz gibt es einen Supermarkt und in der Nähe des Hafens die *Genusskantine.*

Weiter geht es nach **Milow** (▶ Seite 149), wo man am Wassertouristischen Zentrum oder am *GastHof Milow* anlegen kann. Dort befindet sich auch gleich das **NaturparkZentrum Westhavelland.**

In **Rathenow** (▶ Seite 154) teilt sich die Havel in mehrere Flussarme, wir halten uns rechts. Eine Anlegemöglichkeit gibt es am Hafen vor der Stadtschleuse, direkt an der **Altstadt,** dort liegt das Restaurant *Zum Alten Hafen* mit Pension. In Rathenow sind das **Optik-Industrie-Museum,** der **Optikpark** und die **St.-Marien-Andreas-Kirche** sehenswert.

Zurück geht es auf dem gleichen Weg wieder nach Plaue oder Brandenburg an der Havel.

Rathenow
Optikpark
Optikmuseum
Nennhausen
188
Woltzensee
Havel
Heidefeld
Mögeln
NSG Untere Havel Süd
Premnitz
Döberitz
Naturpark Zentrum Westhavelland
Milow
NSG Untere Havel Süd
102
Havel
Bahnitz
Pritzerbe
Pritzerber See
Rohrweberei
Fohrde
Havel
Schlagenthin
ehem. Fliegerhorst Briest
N
1 km
Altendorf
1
Tour 4 Start
Plaue
Wendsee
Plauer See
Brandenburg an der Havel

Westhavelland

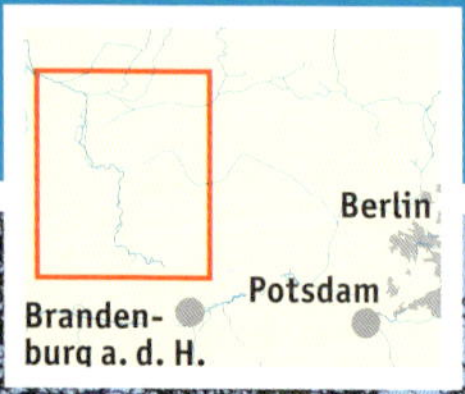

Naturpark an der Milchstraße

Zwischen Brandenburg und Havelberg erstreckt sich der Natur- und Sternenpark Westhavelland, ein Paradies für seltene Pflanzen und Tiere. Entlang der Havel gibt es riesige Feuchtgebiete und Seen wo Zugvögel Rast machen, gleichzeitig ist es einer der dunkelsten Orte Europas mit einem spektakulären Nachthimmel.

Pritzerbe

Pritzerbe gehört zur Großgemeinde Havelsee. 948 gegründet, ist der Ort eine der ältesten und kleinsten Städte Brandenburgs.

Das Ortsbild prägt neben vielen älteren Wohnhäusern insbesondere auch die **Kirche St. Marien „Unser lieben Frauen“.** 1207 feierte man an dieser Stelle die ersten Gottesdienste, doch die Kirche brannte immer wieder aus. Der heutige Sakralbau wurde 1783 eingeweiht. 1789 erhielt die Gemeinde eine Wagnerorgel aus dem Waisenhaus Potsdam. Wichtige Verbindung über die Havel ist die Autofähre von Pritzerbe nach Kützkow.

Rohrweberei Pritzerbe
Modernes Museum und einzig noch arbeitende Rohrweberei in Deutschland. Das Schilf wird auf dem Gelände angebaut, ein langer Schilferlebnissteg führt mitten hindurch.
Marzahner Chaussee 06 | 14798 Havelsee | www.rohrweberei.de | Mo–Fr 8–16 Uhr

Schifffahrtsmuseum
Im Hafen von Pritzerbe kann man den 1927 gebauten Schleppkahn Ilse-Lucie besichtigen, ein Museum zur Geschichte des örtlichen Schiffbaus und Reedereibetriebes. Anmeldung erwünscht:
An der Ablage | Tel. (01 71) 6 91 56 36 | www.havelsee.de

Verbindungen

Bahn: RB51 stündlich ab Brandenburg Hbf

Übernachten & Essen

Bootshaus Pritzerbe
Kleine Hafenanlage mit Gastliegeplätzen, Ferienwohnungen und dem asiatischen Restaurant „Samorr“, Fahrradverleih in der Nähe.
Havelstraße 24 | www.bootshaus-pritzerbe.de | €

Milow

Milow, der Hauptort der Flächengemeinde Milower Land, ist ein nettes Dörfchen mit einer hübschen Fachwerkkirche und dem NaturparkZentrum Westhavelland.

Mit 1 325 Quadratkilometern Fläche ist der *Naturpark Westhavelland* das bedeutendste Schutzgebiet Brandenburgs und eines der größten zusammenhängenden Feuchtgebiete Westeuropas. Durch die dünne Be-

◀ *Auenlandschaften prägen das Westhavelland*

siedlung und die geringe Lichtverschmutzung ist es ein Mekka für Sternengucker und Hobbyastronomen. Es gibt ein breites Angebot an Führungen und Übernachtungen unterm Sternenhimmel.

NaturparkZentrum Westhavelland
Die liebevoll gemachte Mitmachausstellung vermittelt Wissenswertes zu Flora und Fauna im Naturpark, zur Havel und zur Fischerei. Höhepunkt ist ein Erlebnisraum mit Sternenhimmel und Tiergeräuschen.
Stremmestraße 10 | Apr.–Okt. tgl. außer Mi 10–17 Uhr, Nov.–März Do–So 10–16 Uhr
www.nabu-westhavelland.de

Hinkommen

Bus: Ab Bahnhof Rathenow merhmals täglich Bus 678 und 679

Gut gebettet

GastHof Milow
Moderne Zimmer und Ferienwohnungen direkt an der Havel. Freundlicher Service, regionale Küche mit viel Fisch. Hauseigener Bootsanleger. Kanu- und Hausbootvermietung.
Stremmestraße 9 |
www.das-havel-kanu.de |
www.hausboot-vermietung.net |
www.gasthof-milow.com | €€

Die hübsche Fachwerkkirche von Milow

Bronzene Nixe der Künstlerin Christa Biederbick in Bahnitz am Havelufer

Jugendherberge Milow Carl Bolle
Auf dem ehemaligen Sommersitz des Berliner Milchfabrikanten Carl Bolle ist die Jugendherberge in einer schönen Gründerzeitvilla und dem Kutscherhaus untergebracht. Großes Außengelände, auch Bett & Bike, Familienzimmer. Fahrradverleih 1 km entfernt.
Friedensstraße 21 | www.djh-berlin-brandenburg.de | €

Aktiv & sportlich

Das HavelKanu
Geführte Touren. Vermietung für Einzelpersonen oder Gruppen, Kajaks, Kanus, Kanadier, Motorboote. Übernachtungsmöglichkeit mit Wohnwagen oder Zelt am Biwakplatz beim Sportplatz Milow, Rückhol- und Einsetzservice.
Zum Sportplatz 1 | www.das-havel-kanu.de

Bahnitz

Das kleine Angerdorf liegt an der Unteren Havel mit Schiffsanleger, schönem Biwakplatz und einer Naturbadestelle. In den letzten Jahren zog es immer mehr Künstler nach Bahnitz. Maler und Bildhauer gründeten einen aktiven Kunstverein und eröffneten die Kunsthalle mit Ausstellungen von internationalem Rang. Anfang Mai kann man bei den „Offenen Ateliers" hinter die Kulissen schauen. Das Wahrzeichen am Havelufer ist die Nixe, eine imposante Bronzestatue der Künstlerin Christa Biederbick.

Dorfkirche Bahnitz

Mit 14 Quadratmetern und 33 Sitzplätzen ist sie die möglicherweise kleinste evangelische Kirche der Welt, 1973 in den Resten des ehemaligen Glockenturm erbaut.
Dorfstraße 6 | 14715 Milower Land (OT Bahnitz) | www.kirchenwege-havelland.de | Mai–Sep. 10–18 Uhr

Die „Galiarde“ wacht über das Havelufer in Premnitz

Kunsthalle Bahnitz

Zeitgenössische Kunst im ländlichen Raum. In der einstigen LPG-Scheune stellen inzwischen Künstler von Weltrang aus wie Ai Weiwei. Der Kunstverein Bahnitz unter Vorsitz des Bildhauers Bodo Rau organisiert wechselnde Ausstellungen, Projekte und Events.

Dorfstr. 4 | Ortsteil Bahnitz | www.kunstvereinbahnitz.de

Premnitz

Die frühere Industriestadt ist ein sympathischer Ort in wald- und wasserreicher Lage mit einer schönen Uferpromenade an der Havel.

Premnitz wurde erstmals 1375 als „Prebenitz“ urkundlich erwähnt. Die Kleinstadt entwickelte sich ab 1915 zu einem Standort der Chemieindustrie mit einem Werk der *I.G. Farben*. Während des Zweiten Weltkriegs mussten in Premnitzer Betrieben rund 1 200 Zwangsarbeiter und Kriegsgefangene arbeiten.

Auch in der DDR war Premnitz noch Industriestandort mit dem riesigen Chemiefaserwerk. Für die Mitarbeiter entstanden neue, attraktive Wohnviertel. Nach der Wende erfolgten Privatisierung und Umstrukturierung. Zahlreiche Arbeitsplätze gingen verloren, begleitet von lautstarken Protesten. In den 1990er-Jahren hatte Premnitz eine der höchsten Arbeitslosenquoten im Land Brandenburg, viele verließen die Stadt.

Heute verzeichnet Premnitz mit etwas mehr als 8000 Einwohnern wieder ein kleines Wachstum, vor allem punkten die sanierten Wohnquartiere und die grüne Umgebung. Die Lage am südlichen Teil der Unteren

Havel, wo die Fließgeschwindigkeit noch gering ist, macht Premnitz sehr beliebt bei Wasserwanderern. Schön ist die Uferpromenade, zur BUGA 2015 wurde hier das Band der Spiele gestaltet, ein Grünzug mit einem Wasserspielplatz, einem Aussichtsturm sowie zwei Edelstahlskulpturen, dem *Fischer* und der sechs Meter hohen *Galiarde*. Das neuste Kunstwerk prangt über der Stadt – auf der Fassade einer Müllverbrennungsanlage, dem sogenannten Bunkerkopf. Es ist 2200 qm groß und nennt sich „Havelspaziergang". Die Premnitzer störte der seelenlose Betonklotz, sie entschieden sich für ein Riesenbild des Mögeliner Fassadenkünstlers Marco Brzozowski.

Verbindungen

Bahn: RB51 stündlich von Bhf. Rathenow und Brandenburg Hbf nach Premnitz Zentrum.

Von Suppe bis Torte

Café am See

Am Premnitzer See mit Terrasse. Einfach, aber sehr freundlich mit preiswerter deutscher Küche vom Schnitzel bis zum Eisbecher.

Karl-Marx-Straße 1 | 14727 Premnitz

Genuss-Kantine

Moderne Kantine im neuen Gesundheits- und Familienzentrum nahe der Havel an der Aussichtsplattform. Frühstück, himmlische Torten und preiswertes, regionales Mittagessen.

Gerhart-Hauptmann-Straße 1 | www.genusskantine.com

Gasthof Retorte

Zentral gelegen, familiär und freundlich mit ÜN im EZ/DZ, Frühstücksbüfett, regionale Küche ohne Schnörkel.

Milower Str. 1 | 14727 Premnitz | Di-So 11–14 u. ab 17 Uhr.

Aktiv & sportlich

Fahrradverleih auf dem Lucke Hof

Der Vierseitenhof von 1722 ist bereits in zehnter Generation in Familienbesitz. Eln sozial engagierter Verein kümert sich um die denkmalgeschützte Anlage. Ausstellung zum Dorfleben im Havelland. Im Sommer: Schlafen im Heu, Bett & Bike, Fahrradverleih (Apr.–Okt.).

Alte Hauptstraße 35 | www.luckehof.de | €

Naturbad Premnitz

Freibad mit einer riesigen Wasserrutsche, sehr schönes Sommerbad.

Bergstraße 81c | www.naturbad-premnitz.de

Buchtipp: Haveldorf

von Jean Wiersch (Prolibris, 2022)

Eigentlich sollte in einem Havellanddorf nur ein totes Huhn untersucht werden. Doch dann geht im Nachbarort ein Serienmörder um. Ein Urlaubskrimi für Menschen, die sich gern gruseln. Sehr spannend! Der Autor ist Polizist und Havelländer.

Rathenow

Inmitten des Naturparks Westhavelland liegt Rathenow, die Wiege der optischen Industrie. Es ist eine mittelgroße Stadt mit einer schönen Altstadtinsel, dem Optikpark sowie dem Optik Industrie Museum.

Rathenow war zu allen Zeiten eine Stadt, der man übel mitspielte. Im Mittelalter waren es die Raubritter, vor allem die von Quitzows. Danach kamen Pest, Hochwasser und Stadtbrände. Immer wenn Rathenow zu einigem Wohlstand kam, ereilte den Ort ein neues Schicksal. Im Zweiten Weltkrieg wollte Generalfeldmarschall von Keitel Rathenow bis zum letzten Mann verteidigen und zerstörte damit 90 Prozent der Stadt. Auch um den 17. Juni 1953, zum Arbeiteraufstand in der DDR, ging es hier hoch her, die Stadt galt als ein Zentrum der Demonstrationen. Parallel war Rathenow aber auch immer ein Wissenschaftsstandort. Der Theologe Johann Heinrich August Duncker entwickelte hier Lupen, Mikroskope und Brillen. 1801 erhielt er das Königliche Privileg für eine optischen Industrieanstalt. Rathenow wurde die Stadt der Optik, mit optischen Werken, Versuchslaboren und Firmen, die noch heute weltweit hohes Ansehen genießen. Rund 1300 Menschen arbeiten in der Optischen Industrie. Neben dem Global Player Fielman gibt es 24 kleine und mittlere Betriebe.

Die historische **Altstadt** ist recht klein, aber nicht weniger liebenswert mit der **St.-Marien-Andreas-Kirche** und der Stadtmauer sowie ein paar schön sanierten Fachwerkhäusern. Davor liegt der **Hafen** mit den Schleusenspuckern, dahinter die **Stadt-**

Der Optikpark in Rathenow ist ein schöner Ort für Erholung, Spaß und Spiel

Rathenows Altstadtinsel wird von der Havel umspült

schleuse. Ihr gegenüber steht das **Denkmal des Großen Kurfürsten.** Die 2019 neu angelegte Uferpromenade am Stadtkanal lädt zu einem malerischen Spaziergang ein. Westlich der Altstadt geht es zum Optikpark, einem 12,8 Hektar großen Freizeitpark mit beliebten Attraktionen. Von dort schlängelt sich die Weidendammbrücke auf 348 Metern über die zwei Havelarme zum südlichen Naherholungsgebiet mit Wassersportverein und dem 32 Meter hohen Bismarckturm.

Sehenswertes

★ Optikpark

Hier kann man einen ganzen Tag mit der Familie verbringen, entspannen und Spaß haben. Liebevoll gemachter und barrierefreier Park mit Anspruch. Geboten werden sehenswerte Gartenkunst, Kulturveranstaltungen und Wissensvermittlung zu den Themen Optik und Natur. Im Preis inklusive ist eine bezaubernde Floßfahrt über einen Havelarm.

Schwedendamm 1 | 14712 Rathenow | www.optikpark-rathenow.de | Mitte Apr.– Mitte Okt. tgl. 9–18 Uhr

Optik Industrie Museum

Der Besucher erfährt hier viel Interessantes über die Geschichte der Optik, Brillen, Mikroskope, Kameras und Ferngläser. Mehr als tausend optische Instrumente sind zu bestaunen. Johann Heinrich August Duncker gründete 1801 die erste optische Anstalt in Rathenow, 1896 gab es dann bereits 163 optische Firmen vor Ort. Rathenow wurde die „Stadt der Optik".

Im Kulturzentrum | Märkischer Platz 3 | www.kulturzentrum-rathenow.de | Di–So 11–17 Uhr

Rathenow

Offizieller Name: Stadt der Optik Rathenow
Gründung: 1157
Verwaltung: Amtsfreie Stadt im Landkreis Havelland, Bundesland Brandenburg
Einwohner: 25 491 (30.6.2023)
PLZ: 14712
Vorwahl: 0 33 85
Fläche: 113,1 km^2
Geografische Lage: An der Havel, 70 km westlich von Berlin
Wirtschaft: Optische Industrie, Mikroskopbau, Metall- und Verarbeitungsbranche, Medizintechnik

Denkmal des Großen Kurfürsten

Von Johann Georg Glume 1738 fertiggestellt, ist die Skulptur am Schleusenplatz das größte barocke Sandsteindenkmal Norddeutschlands. Der Große Kurfürst befreite 1675 die Rathenower von den Schweden und wurde deshalb als römischen Imperators dargestellt. Im Ortsteil Böhne nahm er Quartier, dort steht heute noch das so genannte Schwedenhaus, erbaut 1661 von Jacob Friedrich von Briest, der damals Landrat des Havellandes war. Theodor Fontane verewigte ihn als fiktiven Urgroßvater seiner Romanfigur *„Effi Briest"*

Sankt-Marien-Andreas-Kirche

Die Kirche steht auf der Altstadtinsel, die von vier Havelarmen umschlossen wird. Mitte des 13. Jahrhunderts fertig gestellt, brannte sie 1945 völ-

Die Weinbergbrücke in Rathenow wurde zur BUGA 2015 eröffnet

Beliebt bei Kindern: der Brunnen vor dem Kulturzentrum in Rathenow

lig aus. In den 1990er-Jahren wurde sie komplett saniert und bekam 2000 vier wunderschöne Kirchenfenster des Grafikers Gerhard Henschel, außerdem besitzt sie einen dreigliedrigen Flügelaltar aus dem 13. Jahrhundert. Der Kirchturm ist 98,80 Meter hoch, auf 51 Metern sieht man von der Aussichtsplattform weit übers Havelland.

Kirchplatz 1 | 14712 Rathenow | www.ev-kirche-rathenow.de

Stadtschleuse Rathenow

Bereits im Jahre 1288 wurde hier Wasser gestaut, um die Handelswege zu schützen. Rathenow war ein Verkehrsknotenpunkt für Handelsreisende. Der Höhenunterschied an der heutigen Stadtschleuse beträgt einen Meter. Vorgelagert ist ein 220 Meter langer Schleusenkanal. Schön saniert wurde das alte Schleusenwärterhäuschen. Davor liegt der Schleusenplatz, dahinter der Alte Hafen.

Die Schleusenspucker

Die Figurengruppe am Hafen erinnert an die Tagelöhner, die früher in Erwartung von Arbeitsaufträgen dort herumlungerten, in die Luft starrten oder die Zeit mit Weitspuckwettbewerben totschlugen. Der Rathenower Bildhauer Volker Michael Roth schuf die Skulptur im Jahr 2015.

Praktische Tipps

Hinkommen

Bahn: RE 4 stündlich ab Berlin Hbf, RB 51 stündlich ab Brandenburg Hbf

Gut zu wissen

Touristinformation

Vermittlung von Unterkünften, Infomaterial, Angelkarten, Stadtführungen, Souvenirs, Regionalprodukte.

Freier Hof 5 | www.westhavelland.de

Gut gebettet

Hotel Sonn'Idyll
Sehr schönes und familiär geführtes Wohlfühlhotel mit Naturbadeteich und Sauna. Geschmackvolle Zimmer mit gesundem Raumklima, schräg schlafen mit Power Sleeping System, Fahrradverleih, Yoga, gesundes Bio-Frühstück und Abendessen.
Semliner Straße 20 | www.sonnidyll.de | €€

Zum Alten Hafen
Schöne und zentral gelegene Pension mit freundlichen, modernen Themenzimmern. Restaurant mit regionalen Speisen, Café, Cocktailbar, stilvolle Lounge. Events.
Am Alten Hafen 1 |
www.zum-alten-hafen.de | €

Campingplatz Rathenow
Ganzjährig Natur pur! 4-Sterne-Campingplatz im Wald direkt am Steckelsdorfer See circa 4 km außerhalb der Stadt. 100 Stellplätze (auch für große Reisemobile), Blockhütten, Imbiss- Gaststätte *Klabautermann*.
Hauptstraße 72 | Ortsteil Steckelsdorf |
www.campingplatz-rathenow.de

Von Suppe bis Torte

Zur alten Schmiede
Sehenswerte Museumsgaststätte mit noch vielen alten Schmiedewerkzeugen, ebenso sind Teile der alten Stadtmauer verbaut. Zünftige regionale Speisen.
Kleine Burgstraße 10 |

Havelrestaurant Schwedendamm
Direkt an der Havel mit schöner Terrasse. Regionale Speisen, Pizza, Fischgerichte, Kaffee und Kuchen.
Schwedendamm 7 | www.havelrestaurant-schwedendamm.com

Freizeitkapitäne auf der Havel in Rathenow

Kitty´s Candy World

Süßer geht's nicht! Konditorei und Café im American Style: zum Frühstück Pancakes, nachmittags Cupcakes und zwischendurch jede Menge guter Kaffee.

Berliner Str. 76 | Di–Fr 9–18, Sa/So 10–18 Uhr

Blockhaus am Wolzensee

Beliebtes Ausflugslokal am Ufer des Wolzensees, Einrichtung mit Cowboyfeeling: Steaks, Burger, Pizza, Kaffee und Kuchen.

Zum Wolzensee 4 | www.blockhaus-am-wolzensee.de

Eiscafé Schwarz

70 Jahre Familientradition, selbst gemachtes Eis, Kuchen und Torten. Absolut beliebt in Steckelsdorf nahe Camping und Badestelle Steckelsdorfer See.

Gartenstraße 23 | Ortsteil Steckelsdorf |

Kaufen & stöbern

Stein 40 Ladengalerie

Schöner Laden für geschmackvolle Geschenke: Hier gibt es Kunst, Kunsthandwerk, Bücher und kulinarische Mitbringsel. Außerdem ein kleines Café mit Kuchen und Keksen.

Steinstraße 40 | www.stein40.de

Havelland Keramik

In den Arbeiten des Keramikers Klaus Handschuh erlebt man eine starke Verbundenheit mit der Landschaft Brandenburgs. Auf seinen Vasen, Tassen, Krügen oder Schalen finden sich Ribbecker Birnen, rote Mohnfelder oder die Silhouette eines Havelländischen Dorfes. Einmalige kleine Kunstwerke.

Kirchplatz 11–12 | 14712 Rathenow | www.klaus-handschuh.de

Aktiv & sportlich

Baden

Eine schöne Naturbadestelle mit Liegewiese gibt es am **Wolzensee**, gleich daneben ist die Gaststätte *Blockhaus*.

Am **Steckelsdorfer See** findet man einen schönen Sandstrand beim Campingplatz mit der Imbiss-Gaststätte *Klabautermann*, in der Nähe ist auch das *Eiscafé Schwarz*.

Big DD Ranch

Martina und Hartmut Deichsel haben hier die Zügel fest in der Hand und eine große Liebe zu Pferden. Quarter-Horse-Zucht, Westernreiten, Freizeitreiten, Training der Pferde mit Rinderherde, gemeinsame Gelände- und Trailausritte, Reitunterricht. Pension über dem Pferdestall, Frühstück im Saloon. In schöner Natur gelegen, alles da, was Cowgirl und Cowboy so brauchen.

Waldweg | Ortsteil Steckelsdorf | www.big-dd-ranch.de

Fahrradverleih

Wienmeister – Der Fahrradmeister

Alles rund ums Fahrrad: Verkauf, Werkstatt, Verleih.

Berliner Straße 9a | www.wienmeister.de

Bresi SUP und Kanu

SUP- und Kanuverleih sowie Kurse in der südlichen Stadtrandsiedlung an der Havel.

Milower Landstraße 7b | www.bresi-sup.de | Verleih nach Anfrage, tgl. 9.30–18.30 Uhr

Schloss Nennhausen ist von einem wunderschönen Park umgeben

Nusswinkel

Wie die Ländchen Rhinow, Glien oder Friesack ist auch der Nusswinkel eine Erhebung mitten in der ausgedehnten Luchlandschaft.

Wahrscheinlich war die Gegend früher bekannt für ihre Haselnusssträucher – jedenfalls ist überliefert, dass der Landstrich seinen klingenden Namen von „Nötewinkel" hat. Und das sind Haselnusssträucher. Auf der Hochfläche liegen einige kleinere Orte, von denen das 1304 erstmals erwähnte **Nennhausen** mit seinem **Schloss** heute am bekanntesten ist.

1686 erhielt Jakob Friedrich von Briest Nennhausen als Lehen. Von 1735 bis 1737 wurde das Herrenhaus mit drei Flügeln erbaut, doch schon 1780 ließ Philipp August von Briest einen der Flügel wieder abreißen. 80 Jahre später gestaltete der Hofbaumeister Ferdinand von Arnim das Haus im englischen Tudorstil um, innen blieb die barocke Ausstattung bestehen.

Caroline war die letzte derer von Briest, als sie 1803 den romantischen Dichter Friedrich de la Motte Fouqué heiratete. Auch Caroline schrieb Romane und Erzählungen, sie hinterließ ein beachtliches Werk. Fouqué arbeitete in Nennhausen an seiner Erzählung *Undine*. Die Winter verbrachten beide in Berlin, im Sommer eröffneten sie in Nennhausen ihren literarischen Salon.

Viele Schriftsteller und andere bekannte Persönlichkeiten kamen aufs Schloss: E. T. A. Hoffmann, Adelbert von Chamisso, Wilhelm von Humboldt, Rahel Varnhagen, Joseph von Eichendorff oder die Gebrüder Schlegel. Damals mussten sie noch mit der Kutsche anreisen, denn eine Bahnverbindung gab es erst 60 Jahre später. Caroline starb 1831 in Nennhausen, sie wurde im Schlosspark begraben.

In der DDR-Zeit erfuhr das Schloss wie so viele eine Fremdnutzung als Schule, Kindergarten, Sparkasse. Nach der Wende stand es leer und verfiel, 1997 kauften es Benita und Alexander von Stechow für den symbolischen Preis von einer Mark. Heute ist es ein schön saniertes Schmuckstück mit privaten Wohnräumen und Mietwohnungen. Zu Veranstaltungen wie den Havelländischen Musikfestspielen öffnet es seine Pforten für die Allgemeinheit.

Jederzeit zugänglich ist der große, wunderschöne Schlosspark mit sehr alten Bäumen. Er war ursprünglich ein Barockgarten und wurde 1780 als Landschaftspark nach englischem Vorbild umgestaltet. Der Kulturverein Nennhausen setzt sich momentan für die dringende Sanierung des kleinen Gärtnerhauses ein. Das 1719 erbaute Fachwerkhaus beherbergt ein kleines Museum und ist Treffpunkt für der Kultur im Ort.

Schlosspark Nennhausen
Das sanierte Landschloss im Tudorstil ist zwar nicht zu besichtigen, der schöne natürlich gewachsene Schlosspark aber ganzjährig offen.
Fouqué-Platz 4 | 14715 Nennhausen | www.schloss-nennhausen.de

Gärtnerhaus
Kleines Museum mit Ausstellung zur Romantik in Nennhausen und über Friedrich de la Motte Fouqué.
Fouqué-Platz 2 | Apr.–Sep. So 14.30–17.30 Uhr

Verbindungen

Bahn: RE4 stündlich ab Berlin Hbf über Rathenow bis Bhf. Nennhausen.

Restaurant Alte Brennerei
Am 7 km entfernten Gutspark Liepe mit schöner Terrasse. Regionale Gerichte, Burger, Pizza, Pasta, Kuchen.
Breite Straße 41 | 14715 Nennhausen OT Liepe | Mo/Di geschlossen

Dorfkirche im Nennhausener Ortsteil Liepe

Rund um den Hohennauener-Ferchesarer See

Nördlich von Rathenow liegt der lang gezogene Hohennauener-Ferchesarer See.

Im Norden hat er Anschluss an den Rhin, im Westen führt der Hohennauener Kanal in die Havel. Am See liegen die Dörfer **Semlin, Hohennauen, Wassersuppe** und **Ferchesar.** Rundherum führt ein schöner Wander- und Radweg mit netten Einkehrmöglichkeiten.

Semlin

Das kleine Dörfchen ist ein beliebter Ausflugsort mit einer schönen Fachwerkkirche aus dem Jahre 1732, einem Badestrand und mehreren Gaststätten. Man kann Boote ausleihen oder gemütlich am Ufer entlang spazieren.

Hinkommen

Bus: Linie 684 mehrmals täglich ab Rathenow Bahnhof

Übernachten & Essen

GolfResort Semlin am See
Hotel mit Golfplatz und Restaurant. Die naturnahe Anlage mit Wasser- und Blumeninseln gilt als einer der schönsten Golfplätze Deutschlands. Nach dem Sport genießt man kühle Drinks und regionale Speisen auf der schönen Terrasse des Restaurants *Havelländer*. Einen besonderen Abend mit Fine Dining zelebriert Küchenchef Christopher Franz im Restaurant *Hasenpfeffer*. Das Hotel ist nicht nur für Golfer interessant, es ist Ausgangspunkt für schöne Touren nach Stölln, zum Sternenpark oder rund um den Hohennauener See.
Ferchesarer Straße 8b | Ortsteil Semlin | www.golfresort-semlin.de | €€€

Restaurant Fischerhütte und Pension Seeschlösschen
Gaststätte mit Terrasse direkt am Hohennauener See. Große Fischkarte, köstliche Eisbecher, gutes Preis-Leistungs-Verhältnis. Die Pension *Seeschlösschen* bietet gemütliche Doppel- und Einzelzimmer. Verleih von SUPs und Tretbooten.
Dorfstraße 21 | fischerhuette-semlin.de | €

Hohennauen

Hohennauen liegt am westlichen Ufer des gleichnamigen Sees. Im Ort befindet sich eine Kirche aus dem Jahre 1703, das Taufbecken aus Sandstein stammt aus dem Jahr 1603 vom Vorgängerbau. Das einstmals prächtige Gutshaus ist leider in einem traurigen Zustand. Am See gibt es eine Badestelle, einen Bootsanleger und einen Campingplatz.

Hinkommen

Bus: Linie 684 mehrmals täglich ab Rathenow Bahnhof.

Gut gebettet

Pension am Dorfanger
Familiär geführte, moderne Pension mit regionalem Frühstück in einem ehemaligen Vierseitenhof, gegenüber der Kirche. Idealer Ausgangspunkt für Ornithologen, Sternengucker, Jäger, Angler oder Radfahrer. Hier stellt man sich auf die Wünsche seiner Gäste ein.
Pareyer Straße 1 | Ortsteil Hohennauen | www.pension-am-dorfanger.de | €

Wassersuppe

1441 wurde „Watersopp" das erste Mal erwähnt. Der Ort ist ein typisches Sackgassendorf, was am Nordufer des Hohennauener Sees endet. Es gibt einen schönen Wasserwanderrastplatz mit Picknickrotunde sowie einen Badestrand mit Liegewiese und Beachvolleyballplatz. Die Kirche des Dorfes stammt aus dem Jahre 1776, im Sommer finden hier auch Musikveranstaltungen statt. Regional-authentisch ist *Heidi´s Getränkestübchen* und Imbiss in der Dorfstraße, wenn es offen hat.

Aktiv & sportlich

Kanuverleih Hartmut Böhlke
Preiswerte Vermietung von Kajaks und Kanus nach Voranmeldung.
Bollwerksweg 1 | Ortsteil Wassersuppe | Tel. (0 33 85) 51 69 69 | www.sport-boelke.de

Ferchesar

Der kleine Ort zieht sich entlang des Sees, der hier nicht mehr Hohennauener, sondern Ferchesarer See heißt. Nördlich grenzt das ausgedehnte Waldgebiet der Ferchesarer Heide an. Die schöne Fachwerkkirche von 1735 besitzt einen spätgotischen Flügelaltar aus dem 15. Jahrhundert. Im Ort gibt es mehrere Gaststätten und natürlich einen Badestrand am See. Etwas außerhalb befindet sich ein sehr guter Campingplatz.

Übernachten

Campingplatz Buntspecht
Freundlicher 4-Sterne-Campingplatz mit Superservice im Wald am Wasser. Bungalows und Ferienhütten, großzügige Stellplätze für Wohnwagen, Wohnmobile, Camper sowie viel Platz für große und kleine Zelte. Großer Spielplatz, Streichelzoo, Pizzeria

Semlin: kleiner Ort mit hübscher Fachwerkkirche am Hohennauener See

Don Carlo, Bootsanleger, Boots- und Fahrradverleih, Thailändische Massagen. Hundebadestrand, Hundetoiletten und Hundeduschen.
Weg zum Zeltplatz |
14715 Stechow-Ferchesar |
www.campingpark-buntspecht.de

Ländchen Friesack

Das Ländchen Friesack ist ein fünf Kilometer hoher Landrücken, der das Rhinluch vom Havelländischen Luch trennt.

Das Städtchen **Friesack** selbst ist eher unspektakulär. Es gibt am Markt ein kleines Heimathaus mit einer Ausstellung und einen jüdischen Friedhof, ansonsten liegt der Ort im Dornröschenschlaf. Vom Bahnhof aus kann man allerdings zu schönen Touren ins Westhavelland starten (▶ Tour 5, Seite 166). Sehenswert ist auch das am Nordrand des Höhenrückens gelegene Dorf **Kleßen** mit einem schönen Gutshaus.

Kleßen

Kleßen ist ein kleines Dorf mit einer hübschen Kirche aus dem Jahre 1698, die mehrfach umgebaut wurde. Schmuckstück des Ortes ist vor allem

Am Hohennauener See bei Wassersuppe

Kirche und Spielzeugmuseum in Kleßen

die gepflegte Schlossanlage und der malerische Park. Das ehemalige Gut war über Jahrhunderte Sitz der Adelsfamilie von Bredow. Anfang der 1990er-Jahre begann die Familie Thiedig aus Berlin mit einer umfangreichen Sanierung des Herrenhauses und der umliegenden Gebäude. Heute ist Schloss Kleßen ein wunderschönes Ensemble. Man kann an einer Führung durch den *Märkischen Gutsgarten* und den *Englischen Park* teilnehmen. Südöstlich liegt eine schöne Badestelle am Kleßener See.

Spielzeug- und Kinderbuchmuseum

Das Spielzeugmuseum befindet sich im Gebäude der alten Dorfschule, das Kinderbuchmuseum (seit 2020) im Nebenhaus. Große Sammlung mit historischem Spielzeug von der Eisenbahn bis zur Puppenwelt. Nicht nur für Kinder sehenswert. Sehr beeindruckend ist das neue Kinderbuchmuseum, welches auf der Sammlung von Hans-Jürgen Thiedig aufbaut, mit 350 Kinderbüchern aus drei Jahrhunderten. Das älteste Kinderbuch ist von 1714.

Schulweg 1 | 14728 Kleßen-Görne | www.spielzeugmuseum-havelland.de | Mi–So/Fei 11–17 Uhr

Übernachten & Essen

Schloss Kleßen

Stilvolle Ferienzimmer und -wohnungen im sehr gepflegten Schlossensemble mit Gutsgarten und Park. Frühstück gibt es im Damensalon des Schlosses, auf der Terrasse der Orangerie oder auf dem eigenen Zimmer. Das schöne Gartencafé ist für alle geöffnet sofern man Personal hat. Im Sommer kann man nach Anmeldung abends mit den Gastgebern regional und fein tafeln.

Lindenplatz 1 | Tel. (03 32 35) 29 00 44 | www.schloss-klessen.de | Besichtigung des Schlossgartens ist Mi–Sa von 11–17 Uhr möglich, Führungen nach Anmeldung | €€

Tour 5: Mit dem Rad durchs Ländchen Rhinow

Eine schöne Radtour durch die sanften Hügel der Ländchen Friesack und Rhinow zum Geburtsort der modernen Fliegerei.

Charakteristik: Leichte Radtour mit geringen Steigungen

Start & Ziel: Bahnhof Friesack

Strecke: Friesack – Görne – Stölln und zurück

Entfernung: 36 km (hin und zurück)

Dauer: ca. 3,5 Stunden

Einkehrtipp: *Pizzeria Adrijano* am Fliegerpark Stölln

Die Radtour startet am Bahnhof **Friesack.** Von hier sind es rund zwei Kilometer bis zum **Marktplatz** in Friesack. Hübsch saniert stehen hier kleine Fachwerkhäuschen und das **Rathaus.** In der alten Schlossereischmiede, einem hübsch sanierten Fachwerkbau am Markt, ist heute das Friesacker **Heimathaus** untergebracht.

Weiter geht es auf der L 19, hinter Friesack biegen wir links ab auf einen einfachen Weg Richtung Görne. Es ist eine ruhige Strecke durch das sanft hügelige **Ländchen Friesack** (▶ Seite 164). Wiesen und Felder wechseln sich mit Kiefern- und Mischwald ab. In **Görne** stehen das ehemalige **Gutshaus der Familie von Bredow** und eine **Fachwerkkirche** mit einem Schindelturm.

Von Görne geht es auf einem asphaltierten Radweg bis nach **Schönholz,** das man nach etwa 9 Kilometern erreicht. Hier ist der Weg nach Stölln ausgeschildert und wir haben das **Ländchen Rhinow** (▶ Seite 170) erreicht, das im Vergleich zum Ländchen Friesack deutlich hügeliger ist.

Bald sieht man auch den 110 Meter hohen **Gollenberg,** wo Otto Lilienthal seine Flugversuche startete. Ab 1893 kam der Flugpionier nach Stölln, um seine selbst gebauten Fluggeräte zu testen. Mit diesen flog Lilienthal bis zu 250 Meter weit und schaffte es sogar, in der Luft eine Kehrtwende zu machen. Am 9. August 1896 hatte er bereits einige erfolgreiche Flugversuche absolviert. Bei seinem letzten Flug aber erfasste unerwartet eine Windböe das Fluggerät – Lilienthal stürzte aus einer Höhe von 15 Metern ab und starb am folgenden Tag an seinen Verletzungen.

Unten vor einem Maisfeld steht die **Lady Agnes,** ein sowjetisches Flugzeug vom Typ *Iljuschin 62,* das heute ein Museum ist und zum **Fliegerpark Stölln** gehört. In der Nähe sind auch ein Aussichtsturm und ein Erlebnispfad.

Nach einer kurzen Stärkung, vielleicht in der *Pizzeria Adrijano,* können wir uns auf weitere Spurensuche begeben. Es geht bergab, wieder hinunter auf die L 17 nach **Stölln** (▶ Seite 170) zum **Lilienthal Centrum.** Das zeigt eine interessante Ausstellung zu Flugtechniken und zur Entwicklung der modernen Fliegerei.

Auf dem Rückweg lohnt ein Abstecher zum Schloss Kleßen mit Spielzeug- und Bilderbuchmuseum (▶ Seite 165).

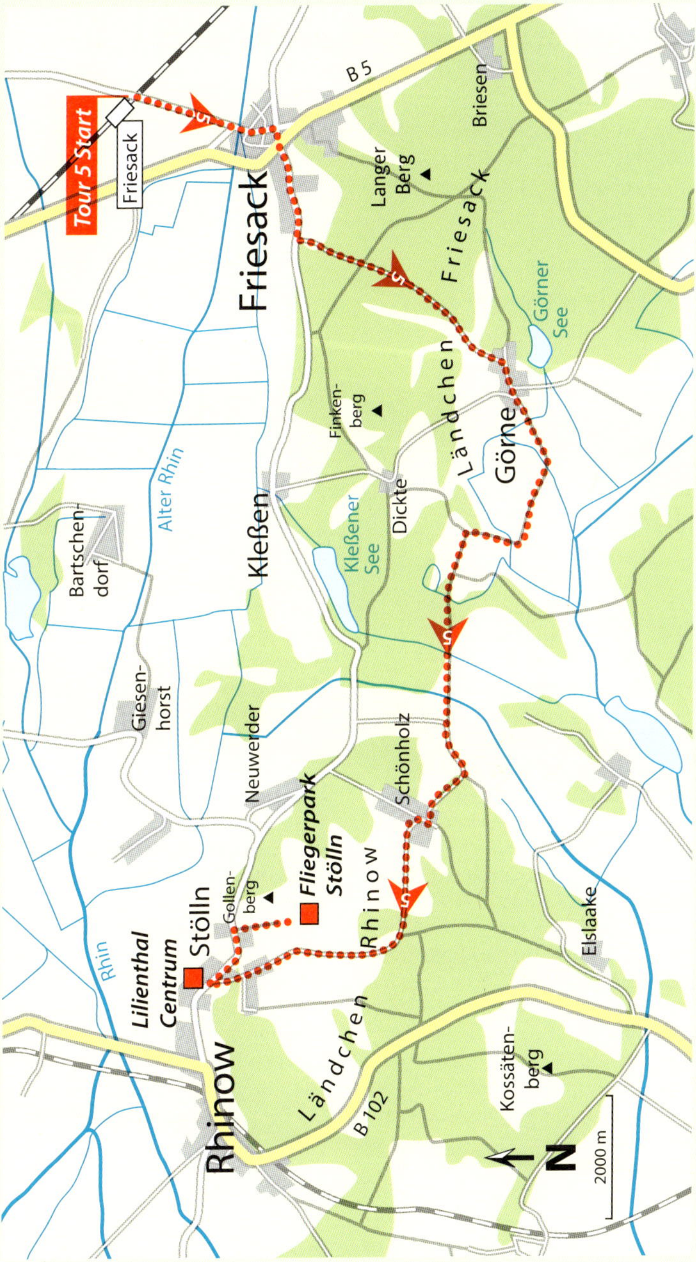

Tour 5 Start
Friesack
B 5
Friesack
Briesen
Langer Berg
Ländchen Friesack
Görner See
Finken-berg
Görne
Dickte
Kleßener See
Kleßen
Alter Rhin
Bartschen-dorf
Giesen-horst
Neuwerder
Schönholz
Fliegerpark Stölln
Gollen-berg
Stölln
Lilienthal Centrum
Rhin
Ländchen Rhinow
Elslaake
Rhinow
B 102
Kossäten-berg
N
2000 m

Tour 6: Radtour durch das Westhavelland

Diese wunderschöne Naturerlebnistour führt direkt ins Herz des Natur- und Sternenparks Westhavelland, zwischen Wiesen und Auen hindurch, zur Havel und zum Vogelparadies Gülpersee, bis zur Domstadt Havelberg.

Charakteristik: Große Tour ohne Steigungen

Start: Rathenow

Ziel: Havelberg

Strecke: Rathenow – Gülper See – Strodehne – Havelberg

Entfernung: 54 km

Dauer: ca. 6–8 Stunden

Einkehrtipp: *Gasthof Stadt Berlin oder Fischer Schröder, Strodehne, nur temporär geöffnet*

Die Radtour führt zum großen Teil durch eine weitgehend unberührte Naturlandschaft. Nur das erste Stück legt man auf einem separaten Radweg entlang einer Bundesstraße zurück. Ein Lunchpaket und ausreichend Wasser sind unerlässlich.

Los geht's in der **Optikerstadt Rathenow** (S. 154), die auf jeden Fall einen Besuch lohnt. Start ist am Bahnhof, über die Bahnhofstraße dann zur Berliner Straße, in die links eingebogen wird. Sie führt durch das Zentrum von Rathenow zur sehenswerten Altstadtinsel. Rechts geht es in die Jederitzer Straße und weiter auf die B102, die von einem soliden Radweg begleitet wird.

Nach 9 Kilometern ist Seeblick-Hohennauen erreicht. Dort wird eine Brücke überquert, rechts liegt der **Hohennauener See.** Links biegt die Straße Richtung **Parey** ab, hier gibt es kaum noch Autoverkehr, die Kernzone des Sternenparks beginnt. Bald passiert man den Vogelbeobachtungsturm Grützer Bogen, wo je nach Jahreszeit Störche, Reiher, Kraniche zu sehen sind. Parey hat eine schöne Flussbadestelle direkt an der Havel.

Weiter führt die Route durch Wiesen nach **Gülpe,** einem 160-Einwohnerdorf am Gülper See. Über die Gülper Hauptstraße geht es in das **Naturschutzgebiet Gülpersee,** eines der größten Zugvogelsammelplätze. Hier gibt es zwei Aussichtstürme und auf dem Weg nach **Prietzen** einen Picknickplatz an der Bockwindmühle. Hinter der Kirche geht es links in die Prietzener Dorfstraße nach **Rhinow** und von dort auf die L17 nach Kietz.

Danach kommt schon **Strodehne** mit dem **Gasthof Stadt Berlin**, der allerdings sehr eingeschränkte Öffnungszeiten hat. Lohnend ist aber ein Abstecher zu **Fischer Schröder,** ungefähr einen Kilometer in südlicher Richtung auf der Straße am Gahlberg. In Strodehne gibt es auch einen Wasserwanderrastplatz und eine Badestelle direkt an der Havel.

Die Radtour führt weiter neben der L17 über die **Havelland Brücke**. Rechts biegt der Radweg auf den Havelradweg ab, der überwiegend parallel zur Straße über **Kuhlhausen** ins Dorf **Jederitz** bis nach Havelberg führt.

Bahnhof Glöwen 8 km
avelberg
Dom
Naturschutzgebiet Stremel
Joachimshof
Havel
Jederitz
ndau
be)
Kuhlhausen
Strodehne
Rhinow
Vulkau
Fischer Schröder
Kamern
Gülper See
Prietzen
Bockwindmühle
Gülpe
Naturschutzgebiet Gülper See
Havel
Scharlibbe
Neumolken-berg
Seeblick-Hohennauen
Schollener See
Schollene
Parey
Havel
Klietz
Ferchels
Neu-Schollene
Hohen-nauener See
102
Vogelschutzgebiet Klietzer Heide
Göttlin
Rathenow
Tour 6 Start
118

Ländchen Rhinow

Im Höhenrücken des Ländchens Rhinow liegt der Gollenberg, wo Flugpionier Otto Lilienthal seine ersten Flugversuche unternahm.

Am Nordrand des Höhenzugs befindet sich die eher unspektakuläre Stadt Rhinow mit dem benachbarten Dorf **Stölln,** das sich ganz der Fliegerei verschrieben hat. In der Nähe sind außerdem das **Kolonistendorf Großderschau,** Teile des **Sternenparks Westhavelland** sowie der Naturschutzgebiete **Gülper See** und **Untere Havel Nord.**

Stölln

Im 400-Seelen-Dorf Stölln (▶ Tour 5, Seite 166) dreht sich alles um den Flugpionier Otto Lilienthal. Auf dem 110 Meter hohen Gollenberg machte er zusammen mit seinem Bruder die ersten Flugversuche. Drei Jahre lang probierten die beiden mehrere Fluggeräte aus und da ging so manches schief – trotzdem war Otto Lilienthal der erste Mensch, der geflogen ist. Seine Erfindungen waren bahnbrechend für die Luftfahrt. Doch 1896 kam er bei einem Flugversuch ums Leben, aus 15 Metern Höhe stürzte er ab.

2015 wurde im Rahmen der Bundesgartenschau ein 1,4 Hektar großer **Fliegerpark** in Stölln eröffnet. Hier kann man einen echten Langstreckenjet besichtigen: Die *Iljuschin 62* der DDR-Fluggesellschaft *Interflug* landete 1989 auf der nur 850 Meter langen Piste des Segelflugplatzes Stölln und kam damit ins Guinnessbuch der Rekorde. Heute ist das Flugzeug, das nach Otto Lilienthals Frau **Lady Agnes** genannt wurde, ein beliebtes Ausflugziel mit einer Ausstellung zur *Interflug,* einem Café und sogar einem Standesamt. Nahe der Stelle von Otto Lilienthals tödlichem Absturz entstand das **Lilienthal Centrum,** das über Lilienthals Leben, seine Flugversuche und die weitere Geschichte der Fliegerei informiert. Weiterhin gibt es den Naturerlebnispfad *Gangway* mit Stationen, die an Otto Lilienthal erinnern. Höhepunkt ist der Aussichtspunkt auf dem Gollenberg, wo der Flugpionier startete.

Lilienthal Centrum Stölln
Sehr interessante Ausstellung über Otto Lilienthals Leben und die Fliegerei. Lebendige Begegnungsstätte mit einem kleinen Café.
Otto-Lilienthal-Straße 50 | 14728 Gollenberg (OT Stölln) | www.otto-lilienthal.de | Apr.–Okt. Di–So 10–17, März Sa/So 11–16 Uhr

Fliegerpark Stölln
Hier kann man *Lady Agnes*, eine *Iljuschin 62* der *Interflug* und die Ausstellung *„Unterwegs mit der INTERFLUG"* besichtigen oder auf dem Erlebnispfad *Gangway* auf Otto Lilienthals Spuren wandeln.
Am Gollenberg 10 | www.otto-lilienthal.de

Hinkommen

Bus: Linie 684 und 687 mehrmals täglich ab Rathenow Bahnhof.

Von Suppe bis Torte

Pizzeria Adriano
Schöne Terrasse mit Blick auf die *Lady Agnes*. Klassische Pizza, Pasta, Eis und Kuchen, idealer Ausgangspunkt für Ausflüge.
Am Gollenberg 2c | Di–So 11.30–23 Uhr

Den Langstreckenjet „Lady Agnes“ kann man im Fliegerpark Stölln besichtigen

Kolonistendorf Großderschau

Das kleine, hübsch sanierte Dörfchen steht ganz im Zeichen der Kolonialgeschichte des Havellandes. Im Museum **Kolonistenhof** wird die Trockenlegung der Luche unter Friedrich Wilhelm I. und Friedrich II. sowie die Ansiedlung von Kolonisten im Havelland anschaulich dargestellt. Hier werden auch traditionelle Handwerke gezeigt, wie die Kunst des Buttermachens.

Die Kolonistenkirche von Großderschau wurde 1785 zum Abschluss der Entwässerungsarbeiten auf Befehl Friedrich des II. gebaut, hier finden auch Gottesdienste auf Plattdeutsch statt.

Kolonistenhof Großderschau

Museum zur Besiedlungsgeschichte des Havellandes. Viele Veranstaltungen mit Vorführungen und zum Mitmachen. Lehm-Backofen, Hofladen.

Kleinderschauer Straße 1 | www.grossderschau.de | Apr.–Okt. tgl.

Naturschutzgebiet Untere Havel Nord

Zwischen Hohennauen und Strodehne liegt die schönste Naturregion, die das Havelland zu bieten hat. Die mäandernde Havel mit ihren Altarmen, die Auen voller Korb-Weiden, wo Käuzchen und Wiedehopf brüten. Schier unendliche Feuchtwiesen, wo Feldwege ins Nirgendwo führen – das ist reine, unbelastete Natur. Ein Paradies für Naturliebhaber mit mehr als tausend gefährdeten Tier- und Pflanzenarten. Durch die schrittweise Renaturierung bekommt die Havel ihren natürlichen Lauf zurück und es entstehen neue Naturräume. Schön sind die kleinen **Naturbadestellen** direkt am Fluss in **Parey** und **Schollene**, mit richtigen Sandstränden, je nach Pegelstand. Das Flussbaden ist aber nur guten Schwimmern wegen der bisweilen starken Strömung vorbehalten.

Flussbadestelle in Parey im Frühnebel

Gülper See

Der Gülper See ist ein Vogelschutzgebiet und Paradies für Gänse, Kraniche, Schwäne und Watvögel. Er ist kein Badesee und nicht betretbar, am südlichen Ufer gibt es zwei Beobachtungstürme. Möglich ist aber eine Bootstour mit Fischer Schröder von Strodehne aus. Der See ist 6,6 Quadratkilometer groß, aber nur 1,5 Meter tief. Im Herbst sammeln sich dort Tausende Zugvögel, im Sommer ist es Gänseland und im Winter erfreuen die Singschwäne die Besucher. Mit ihren melodischen Hochzeitsrufen sind sie weithin zu hören, bis sie wieder in ihre Brutgebiete nach Nordrussland ziehen. Der NABU bietet regelmäßig Exkursionen an.

www.nabu-westhavelland.de

Fischerei Wolfgang Schröder

Familienbetrieb in der vierten Generation. Fischverkauf aus eigenem Fang, frisch oder geräuchert. Fischerei erleben, auf dem Fischerkahn mitfahren oder selbst in Wathosen im Gülper See mit anpacken. Hofladen und Imbiss.

Gahlberg 2 | 14715 Havelaue (OT Strodehne) | www.fischerei-schroeder.eu

Bockwindmühle Prietzen

Historische Bockwindmühle aus dem Jahre 1773 mit Rastplatz. Beliebtes Nacht-Fotomotiv mit Milchstraße. Hier beginnt auch der 4 km lange Naturlehrpfad am Gülper See mit zahlreichen Infotafeln.

An der Mühle | 14715 Havelaue (OT Prietzen)

Gut gebettet

Kreativoase

Freundliche Pension mit Zimmern und Ferienhaus mitten im Sternenpark, vermietet von der Künstlerin Jordis Hammer, bei der man auch Malkurse buchen kann.

Straße am Neubau 4 | 14715 Havelaue (OT Gülpe) | www.aktivurlaub-malen.de | €

Sternenpark Westhavelland

Der Naturpark Westhavelland wurde 2014 von der International Dark Sky Association (IDA) als erster Sternenpark Deutschlands anerkannt.

Durch die dünne Besiedlung ist es ein Ort ohne größere Lichtverschmutzung. Hier kann man die Milchstraße noch mit bloßem Auge sehen. Der Sternenhimmel ist das älteste Naturgut der Menschheit, doch nur selten nehmen wir es heute noch wahr. Wieder zu Sternenguckern zu werden, ist aber durchaus lohnenswert. Beste Beobachtungsmöglichkeiten gibt es im Frühjahr, Spätsommer und Herbst. Inzwischen hat sich ein umfangreicher Tourismus mit Sternenführungen, Astrocamps und Beobachtungsstationen entwickelt. Ende August findet jedes Jahr das Westhavelländischer Astrotreffen statt.

Gut zu wissen

Sternenblick Parey
Beobachtungsstation auf dem Gelände der Naturparkverwaltung Westhavelland mit technischer Ausstattung zur Sternebeobachtung.
Pareyer Dorfstraße 5 | 14715 Havelaue
www.sternenpark-westhavelland.de

Gut gebettet

via Tipp Ferienhäuser Zemlin
Im idyllischen Lochow stehen fünf Ferienhäuser an einem Waldsee mit Naturbadestelle. Sternenliebhaber können das ganze Panorama des Nachthimmels direkt am Ferienhaus erleben. Der Vermieter Detlef Zemlin hat hochwertige Teleskope vor Ort und bietet Sternenführungen für Menschen, auch mit Handicap an.
Feriensiedlung Waldesruh 16 |
Ortsteil Lochow |
www.ferienhaus-zemlin.de

Die Milchstraße im Sternenpark kann man mit bloßem Auge beobachten

Havelberg

Die alte Hansestadt Havelberg ist ein romantisches Städtchen an der Havel mit kleinen Gassen, hübschen Gärten und lauschigen Lokalen. Über allem thront der mächtige Dom.

Kurz bevor die Havel in die Elbe fließt, durchquert sie das Städtchen Havelberg. Schon von Weitem ist hoch über die Stadt der Dom zu sehen. Der Ort besteht aus der Altstadtinsel, der Spülinsel mit dem Campingplatz und dem Domquartier auf dem Berg. Dort sieht man neben dem Dom das Prignitz-Museum, die Töpferei und ein Lokal mit schöner Aussicht. Unterhalb des Doms reihen sich kleine Häuschen wie an einer Perlenschnur aneinander, davor blühen Schneebälle, Rosen und Lavendel in malerischen Gärten. Auf der Altstadtinsel führen kleine Gassen zu hübschen Läden und Cafés. Umrundet man das Eiland, gibt es schöne Ausblicke, auf die Havel oder die gegenüberliegenden Häuschen am Hang. In Havelberg treffen sechs Radfernwege aufeinander. Kein Wunder, denn der Elbe-Havel-Winkel zählt mit seinen Flussauen zu den schönsten Naturlandschaften Deutschlands.

Hoch über Havelberg thront der Dom St. Marien

Hansestadt Havelberg

Gründung: 948
Verwaltung: Stadt im Landkreis Stendal, Bundesland Sachsen-Anhalt
Einwohner: 6470 (Dez. 2023)
PLZ: 39539
Vorwahl: 03 93 87 und 03 93 82
Fläche: 149,12 km^2
Geografische Lage: An der Mündung der Havel in die Elbe, schließt im Norden an den Landkreis Prignitz an
Wirtschaft: Schiff-, Fahrzeug- und Maschinenbau, Möbel, Bundeswehrstandort

Bewegte Geschichte

Bereits im Jahre 948 wurde das Bistum Havelberg erstmals erwähnt. Die Gründung soll auf den deutschen Kaiser Otto I. zurückgehen. Nahe der Elbe war der Übergang über die Havel von strategischer Bedeutung, eine Bastion der deutschen Ostexpansion. Die Slawen sollten von hier bis nach Mecklenburg missioniert werden. Doch nach knapp vierzig Jahren wurden die Deutschen nach einem Slawenaufstand wieder vertrieben. Erst Anfang des 12. Jahrhunderts kamen sie zurück. In dieser Zeit wurden auch der steinerne **Dom** und das Kloster erbaut. Dieser Dom prägt noch heute das Ortsbild. 1561, nach der Reformation, wurde das Domkapitel lutherisch. Zehn Jahre später ging das Bistum Havelberg in das Kurfürstentum Brandenburg ein.

Schiffbauerstadt

Schon im Mittelalter kam man in Havelberg durch Handwerk, Fischerei oder Viehzucht zu Wohlstand. Wegen der reichen Fischgründe siedelten sich viele Fischer an und mit ihnen auch die Bootsbauer. Schon Ende des 17. Jahrhunderts erblühte der Schiffbau, es wurden sogar seetüchtige Schiffe für die königlich-preußische Marine gebaut.

Die Havelauen wiederum waren ideal für die Viehwirtschaft. Durch die Lage an wichtigen Handelswegen etablierte sich in Havelberg früh ein bekannter Viehmarkt, der später zum **Pferdemarkt** (► Seite 178) wurde.

Zar Peter I. in Havelberg

Die Legende besagt, dass Zar Peter I. inkognito als Schiffszimmermann auf der Werft gearbeitet haben soll, auch dass er hier eine Nixe schnitzte, deren Abbild jetzt am Backhaus, Havelstraße 44, hängt, wo der Zar gewohnt haben soll. Tatsache ist, dass er sich 1716 fünf Tage in Havelberg aufhielt und hier mit dem Soldatenkönig Friedrich Wilhelm I. traf. Der Zar befand sich auf der Rückreise von Holland und wollte mit dem König die preußisch-russische Koalition gegen Schweden verhandeln.

Als Gastgeschenk hatte Peter I. zweihundert „Lange Kerls" mitgebracht, Soldaten für die Riesengarde des Königs. Auch Friedrich Wilhelm I. hatte ein Geschenk und der Zar schrieb an seine Frau: „Der König hat mich großzügig beschenkt. Mit einer in Potsdam prachtvoll ausgestatteten Jacht und einem Bernsteinkabinett, das wir uns schon lange gewünscht haben …". Im Jahre 1712 hatte Peter I. das Bernsteinzimmer im Berliner Schloss gesehen und war begeistert. Ein Jahr nach dem Treffen in Havelberg wurde es nach St. Petersburg verschifft, in siebzehn Kisten über die Havel, die Elbe und die Ostsee. So kam es auch an Havelberg vorbei. Heute erinnert ein Denkmal vor dem Dom an die Zusammenkunft der beiden Herrscher.

Havelberg heute

Die idyllische Lage, die schön sanierte Altstadt und das moderne *Haus der Flüsse* machen Havelberg zu einer der schönsten Städte an der Havel. Seit 2008 trägt Havelberg wieder den Namen Hansestadt. Das Hochwasser ist immer wieder ein Thema, erst 2013 war die Stadt ganz eingeschlossen. Darum widmet man sich intensiv dem Thema Renaturierung. 2014 wurde ein Altarm neu angelegt und die Petroleuminsel wiederbelebt, daneben entstand das *Haus der Flüsse,* ein modernes Mitmachmuseum. Zur Bundesgartenschau 2015 wurde der Dombezirk völlig neu gestaltet mit Kloster- und Terrassengärten, neuen Uferwegen und einer Promenade am neuen Jachthafen.

Gegenüber der Altstadt liegt die moderne *Kiebitzberg Schiffswerft.* Am gleichen Standort wie vor dreihundert Jahren baut man hier Schiffe, unter anderem Haus- und Wohnboote, aber auch Steganlagen und Pontons. In Havelberg spürt man, dass die Menschen am Wohl ihrer Stadt und ihrer Gäste interessiert sind. Da mehrere Radwege hier vorbeiführen, hat man sich ganz auf Tagestouristen eingestellt, viele Hotels und Pensionen bieten Fahrradräume, Werkzeug, oder Trockenräume an. Doch viele bleiben länger. Der Dom, die Gärten, die Ruhe abends am Fluss, schöne Restaurantterrassen, auf denen man

Im Haus der Flüsse erfährt man vieles über den Naturraum Havel

guten Fisch bekommt und bei einem Glas Wein aufs Wasser schauen kann – das ist Erholung pur.

Sehenswertes

Dom St. Marien

Weithin sichtbar thront der Dom St. Marien über der Stadt. Als Bischofskirche 946 unter Otto I. gegründet und 1170 als romanische Basilika eingeweiht, erfolgte nach einem Brand um 1300 ein Umbau. Der Innenraum ist durch seine Ausmaße beeindruckend, sehenswert sind der spätgotische Lettner, das geschnitzte Chorgestühl und die Glasmalereien.

Domplatz | www.havelberg-dom.de | Di–Sa 10–16 Uhr

Prignitz-Museum

Seit 1904 befindet sich das Museum in den oberen Räumen des Klosters am Dom. Die Anlage ist vollständig erhalten mit Kornspeicher, Bischofs- und Schlafsaal und erzählt die Geschichte von Stadt und Region. Lebendiges Museum mit Veranstaltungen und Führungen.

Domplatz 3 | www.prignitz-museum.de | Di–So 10–17 Uhr

Haus der Flüsse

Diese moderne Mitmachausstellung zeigt die Bedeutung des Schutzes einer naturnahen Flusslandschaft im Bereich *Biosphärenreservat Mittelelbe*. Innen und außen kann man spielerisch vieles über den Naturraum zwischen Elbe und Havel erfahren. Schön gemacht, für die ganze Familie geeignet.

Elbestraße 2 | www.haus-der-fluesse.de | März–Okt. tgl. 9–17 Uhr, Nov.–Feb. Mo–Fr 10–16 Uhr

Praktische Tipps

Hinkommen

Bahn/Bus: RE 2 stündlich ab Berlin Hbf bis Glöwen, dann mit der Buslinie 900 nach Havelberg.

Gut zu wissen

Touristinformation der Hansestadt Havelberg

Vermittlung von Stadtführungen, Tickets, Übernachtungen.

Uferstraße 1 | 39539 Havelberg | www.havelberg.de | Mo–Fr 9–17, Sa/So/Fei 13–17 Uhr

Übernachten

artHotel Kiebitzberg

Anspruchsvolles Boutiquehotel am Hang mit Havelblick. Sehr schöne, gepflegte Anlage mit japanischem Garten und Wildblumenwiese. Wellnessbereich, E-Bike-Verleih und Ladestation. Dazu gehört das Restaurant *Schmokenberg* mit junger, innovativer Küche aus der Region.

Schönberger Weg 6 | www.arthotel-kiebitzberg.de | €€€

Havelhöfe Garz

Direkt am Havelradweg gelegene Pension für Radler, moderne Zimmer, Apartments und Ferienwohnungen in einer umgebauten Stallanlage. Schönes Gesamtkonzept im denkmalgeschützten Dorfensemble von Garz, etwa 15 Kilometer südöstlich von Havelberg.

Alte Kirchstraße 5/6 | Ortsteil Garz | www.havelhoefe.de | €–€€

Altstadt Café und Pension

Gepflegte kleine Pension auf der Altstadtinsel. Café mit moderner Kaffee-

Havelberger Pferdemarkt

Pünktlich am ersten Septemberwochenende steht die Stadt Havelberg Kopf. Grund ist der Pferdemarkt – ein riesiges Volksfest mit mehr als 200 000 Besuchern.

Er unterteilt sich in Trödelmarkt, Rummel und Pferdehandel, wo mehr als 500 Pferde angeboten werden. Dazu kommt der Heiratsmarkt, auf dem mehrere Paare getraut werden.

Das Datum wurde bereits Ende des 14. Jahrhunderts gewählt, es sollte ein Markt zur Verehrung der Jungfrau Maria sein, deren Geburt auf den 8. September fiel. Zunächst war es ein gemischter Viehmarkt auf der Altstadtinsel. Nach 1960 zog der Markt auf die Wiesen vor der Stadt.

In den 1970er- und 1980er-Jahren wurde es stiller um die Pferde, stattdessen nahmen der Handel mit Militaria, alten Autoteilen und Meißner Vasen zu. Auch beschaffte man sich alles, was es sonst nicht gab in der DDR, wie *Stones*-Platten, Jeans oder *Lux*-Seife.

Heute leben wieder mehr Pferde im Havelland und es wird auch in Havelberg wieder mit ihnen gehandelt. Daneben werden viele Reitershows gezeigt. Zum Abschluss des Pferdemarktes ist am Sonntagabend ein großes Feuerwerk.

www.havelberg.de

hauskultur, Biergarten mit Grillmöglichkeit für Gäste, Bootsverleih.

Fischerstraße 37 | www.altstadtcafe-pension.de | €€

Campinginsel Havelberg

Schöner, ruhiger Platz am Wasser mit Blick auf Altstadt und Dom. Wohnmobil- und Zeltplätze, Bistroterrasse, Spielplatz.

Spülinsel 6 | www.campinginsel-havelberg.de

Von Suppe bis Torte

Zur Güldenen Pfanne

Historisches Gebäude mit 250-jähriger Gastronomietradition. Feine regional-saisonale Küche, sehr große Weinauswahl aus allen deutschen Anbaugebieten. Schaukochen: „Die Altmark kocht!"

Lehmkuhle 2 | www.gueldene-pfanne.de

via Tipp **BILDERbuchCafé**

Liebevoll gemachte Kombination aus Café, Ausstellung und Bücherladen. Leckere Snacks, selbst gebackene Kuchen, sehr guter Kaffee. Spezialität: Eistorten aus der eigenen Eismanufaktur.

Markt 7 | www.dasbilderbuchcafe.de

Kaufen & stöbern

von Hand – Töpferei am Dom

Kaffee und Kuchen zwischen Töpferscheibe und selbst hergestellter Keramik. Schöne Mitbringsel, Fertigung von Stiftersteinen, Raku-Brand, Krüge, Tassen, Schalen.

Platz des Friedens 6–8 | www.von-hand.de | Mi–So 14–17 Uhr

Uta Breitmeier Buchhandlung

Engagierte Buchhändlerin, die viele Bücher und Bildbände aus der Re-

gion anbietet. Große Auswahl an aktuellen und historischen Ansichtskarten von Havelberg und Umgebung.
Marktstraße 4–5

Aktiv & sportlich

Verein denkMal und Leben e. V.
Stadt- und Domführungen, Fahrradführung in und um Havelberg. Stadtführungen ohne Anmeldung.
Apr. – Anfang Okt. So 11.30 Uhr | Treffpunkt am Domplatz, Domherrnstraße 8 | www.domherrn8.de

Erlebnisbad Havelberg
17 000 m² großes Freibad mit riesiger Wasserrutsche und drei Sprungtürmen. Schwimmer- und Kleinkinderbecken, Strömungskanal, Massagebänke. Gastronomie.
Lindenweg 6 | Im Sommer geöffnet | www.stadtwerke-havelberg.de/freibad

Boots- & Fahrradverleih

BunBo
Farbenfrohe BungalowBoote mieten, Komfort erleben und die Natur an der Havel genießen!
Havelfun UG | Bahnhofstraße 39/40 | www.bunbo.de

Fahrradhaus Hubeny
Fahrradladen, Reparaturen, Verleih. Freundlich und kompetent, unkomplizierte Rückgabe auch am Wochenende.
Pritzwalder Straße 43 | www.fahrradhaus-hubeny.de

Schiffsausflüge

Reederei Kaiser
Mehrstündige Fahrten auf der Havel ins Naturschutzgebiet Stremel, auch Tagesausflüge, Mittags- und Kaffeefahrten.
Goethestraße 21 | 39590 Tangermünde | www.reederei-kaiser.de | Anleger: auf der Altstadtinsel an der Uferstraße

Die Töpferei „von Hand…" mit Café liegt direkt nebem dem Havelberger Dom

Reisepraktisches

▼ *Entspannung und Badespaß findet man am Hohennauener See (► Seite 162)*

Klima & Reisezeit

In der Havelregion herrscht gemäßigtes Kontinentalklima. Die Hauptreisezeit ist von Ostern bis Oktober.

Schon Ende April gibt es die ersten warmen Tage, die zu vielen Outdooraktivitäten einladen. Die Seen erwärmen sich recht schnell und bleiben bei gutem Wetter bis Ende September badefähig. Im Elbe-Havel-Winkel kommt es häufiger zu Regengüssen. In der flachen Region des Westhavellandes kann es auch zu heftigen Windböen kommen. Nach Starkregen sind die Wiesen oft überflutet, hier ist Vorsicht geboten, gerade in Flussnähe. In der Regel sind die Wetterverhältnisse aber normal, von Mai-September ideal für Fahrrad- oder Bootstouren.

Im Herbst locken zahlreiche Zugvögel viele Besucher an und sogar im Winter ist Reisezeit, wenn die Singschwäne am Gülper See Hochzeit feiern.

Potsdam ist zu jeder Jahreszeit eine Reise wert und bei schlechtem Wetter kann man sich in den wunderbaren Museen die Zeit vertreiben. Immer beliebter werden stressfreie Weihnachts- oder Silvestertage auf dem Land. Ohne das große Knallen laden schöne Hotels mit vielen Wellnessangeboten oder mit Glühweinwanderungen ein.

Ankommen

Mit der Bahn

Von Hannover:

Mit dem IC über Braunschweig nach Magdeburg und weiter im RE1 nach Brandenburg an der Havel, Werder, Potsdam oder Berlin.

Von Berlin:

Nach Potsdam fährt die S-Bahn S7 von Berlin alle 10 Minuten, der Regionalexpress RE 1 alle 20 Minuten. Letzterer fährt weiter über Werder nach Brandenburg an der Havel.

Der RE 2 braucht 30 Minuten von Berlin Zoologischer Garten bis Nauen und der RE 4 erreicht in 50 Minuten Rathenow. Regionalbahnen bedienen auch etliche kleinere Orte im 1- bis 2-Stunden-Takt.

Klimatabelle Havelland

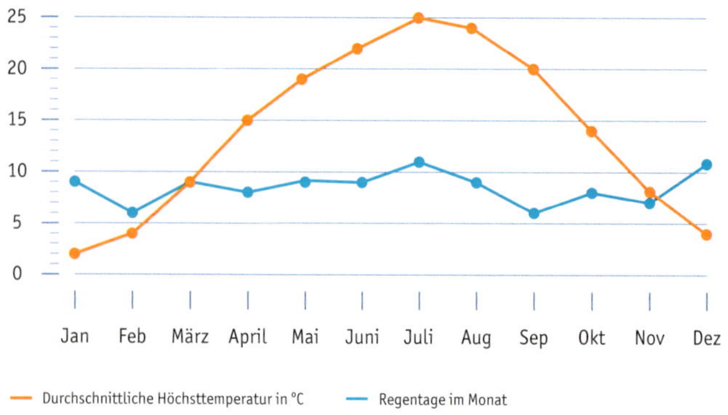

Eine von vier Havelfähren verbindet Pritzerbe und Kützkow

Mit dem Auto

Aus Richtung **Hannover** fährt man über die A2 durchs Westhavelland. Bis Dreieck Werder und weiter nach Werder und Potsdam.

Aus **Berlin** gibt es viele Wege, Hauptverbindung über Spandau ist die B5 nach Nauen, Ribbeck oder Stölln. Die B2 und die Stadtautobahn führen von Berlin nach Potsdam.

Mit dem Fahrrad

Als Fernradwege führen der **Havel-Radweg**, der **Europaradweg R1**, die **FONTANE.RAD-Route** und der Radweg **Tour Brandenburg** durch das Havelland.

Übers Wasser

Von Nordwesten geht es über den Mittelland- und Elbe-Havel-Kanal oder über die Elbe bis auf die Untere-Havel-Wasserstraße. Von Berlin-Köpenick bis Spandau kann man auf der Spree anreisen. Nördlich ist das Havelland über die Müritz-Havel-Wasserstraße und die Obere-Havel-Wasserstraße zu erreichen. Eine Verbindung zur Elbe besteht auch an der Mecklenburgischen Seenplatte über die Müritz-Elde-Wasserstraße in Plau am See. Eine große Rundtour auf dem Wasser ist möglich.

Unterwegs im Havelland

Mit Bus und Bahn

Im südlichen und mittleren Havelland gibt es in den größeren Orten gute Anschlüsse mit den Regionalbahnen RB 10, 14, 20, 21, 23 oder dem Regionalexpress RE 1, 2, 4, 6. Die Bereiche dazwischen deckt die Firma Havelbus mit zwanzig verschiedenen Linien ab, so gibt es Verbindungen nach Stölln, Strohdene, Ribbeck, Barnewitz oder Milow. Im Elbe-Havel-Winkel verkehren die Buslinien 900, 911 und 913 von Stendalbus.

www.vbb.de | www.havelbus.de | www.stendalbus.de

Mit dem Auto

Im Allgemeinen ist das Straßennetz im Havelland gut ausgebaut. Stark frequentiert ist die **Schnellstraße B 5** von Berlin über Dallgow-Döberitz nach Nauen. Im nördlichen, aber auch im mittleren Havelland trifft man zum Teil auf abenteuerliche Landstraßen, die häufig auch sehr schmal sind. Die Einheimischen haben damit weniger Probleme und fahren entsprechendes Tempo. Die Havel bestimmt die Straßenführung. Es gibt einige **Brücken** und vier **Autofähren:** Wilhelmsdorf–Neuendorf, Pritzerbe–Kützkow, Ketzin–Schmergow und Caputh–Geltow. Angeraten wird, sich vorher über Straßen zum Zielort zu informieren, um beachtliche Umwege zu vermeiden.

Mit dem Schiff

Es herrscht reger Schiffsverkehr auf allen Potsdamer und Brandenburger Havelseen. Ruhiger geht es in der Flusslandschaft Untere Havelniederung zu. Hauptverkehrsader ist die Untere-Havel-Wasserstraße mit 148 km von Berlin-Spandau bis Havelberg. Es gibt sechs Staustufen: die Vorstadtschleuse und die Stadtschleuse Brandenburg, die Schleuse Bahnitz, die Hauptschleuse Rathenow, die Schleusen Grütz und Garz, sowie die Schleuse Havelberg.

www.potsdamer-brandenburger-havelseen.de

Buchtipp: Unterleuten

von Juli Zeh (Luchterhand, 2016)

Vielgelobt, sarkastisch und bitterböse: dicker Roman um ein havelländisches Dorf ohne Liebe.

Zu Fuß und mit dem Rad

Im Havelland gibt es ein gut ausgebautes Wander- und Radwegenetz. Wo regionale und größere Radwege zusammentreffen, stehen so genannte Knotenpunktwegweiser, hier radelt man nach Zahlen, was die Orientierung recht einfach macht. Damit werden auch individuell zusammen gestellte Touren möglich, wo schöne Entdeckungen möglich sind: kleine Hofcafés, idyllische Badeseen oder romantische Schlösser. Ins Gepäck gehören im Havelland unbedingt: Regenjacke, Badebekleidung, Sonnencreme, Mückenspray und Fernglas. Auch hier gilt: vorher genau informieren, wo man über die Havel kommt, um größere Umwege zu vermeiden. Flyer und Tipps zu allen Radwegen gibt es unter: www.dein-havelland.de und www.westhavelland.de.

Sport & Aktivitäten

Das Havelland ist eine beliebte **Radfahrregion**. Durch das flache Land für jede Altersklasse geeignet. Drei Hauptradwege und mehr als zwölf regionale Radwege gibt es.

Besonders beliebt ist der **Havelradweg**, der parallel des Stroms verläuft. In vielen Orten gibt es Räder auszuleien.

Genauso aktiv wie mit dem Rad ist man im Havelland mit dem Boot unterwegs. Die Aktivitäten auf dem Wasser haben in den letzten Jahren stark zugenommen. Hauptbewegungsmittel sind neben **Motor- und Segelboot** das **Kanu** und das **Floß** geworden. Auch Stand-up-Paddling (SUP) ist vielerorts möglich. Bei der Anmietung ist es ratsam auf jeden Fall eine ausführliche Einweisung mitzumachen. Auf der Unteren Havel kann die Strömung auch mal stärker werden, bei Wind sollte man mit Kanu und SUP recht vorsichtig sein. Entlang der Havel gibt es eine große Anzahl an Mietstationen, trotzdem wird eine telefonische Vorreservierung empfohlen.

Für **Angler** sind die Möglichkeiten sehr vielfältig – Seen, Flüsse, Teiche oder Kanäle sind sehr fischreich. Jahres- und Saisonangelkarten gibt es in den Touristeninformationen.

Ebenfalls beliebt sind **Reiterferien** und Ausritte, es gibt zahlreiche Reiterhöfe. Zum Beispiel den Reiterhof Andreas Kürbis in Potsdam oder den Reiter- und Erlebnisbauernhof in Groß Briesen. Im **Golfresort Semlin** findet man einen sehr schönen naturnahen Golfplatz.

Ein wahres Sportparadies ist die **Havellandhalle** in Seeburg mit Möglichkeit für Tennis, Badminton, Squash, Beachvolleyball und einer Schwimmhalle.

Klettern kann man in der **Boulder-Werft** in Werder oder in der **Boulderhalle 7A** in Potsdam-Babelsberg.

Auf dem Havelradweg lässt sich die Landschaft ganz wunderbar entdecken

Eine Kanutour auf der Havel macht auch Kindern viel Spaß

Mit Kindern

Für Kinder ist jede Menge los im Havelland. Vor allem können sie sehr viel über die Natur erfahren, zum Beispiel in Havelberg im **Haus der Flüsse,** im **Naturparkzentrum Milow** oder in der **Biosphäre Potsdam.**

Äußerst beliebt sind in Stölln das **Lilienthal-Centrum** und das **Flugzeug IL 62 „Lady Agnes“**, hier lernt man alles über das Fliegen. In der Nähe sind gleich das liebevoll gemachte **Spielzeugmuseum** und das **Kinderbuchmuseum in Kleßen.** Das **Optik Industrie Museum** und der **Optikpark** in Rathenow zeigen sehr anschaulich die Geschichte der Optik. Wie Kinder früher zur Schule gingen, kann man in der **Alten Schule Ribbeck** oder im **Schulmuseum Reckahn** lernen. Für größere Kinder sind das **Archäologische Museum** und das **Industriemuseum** in Brandenburg interessant. Megaspaß für alle Altersgruppen bietet **Karls Erdbeerhof** mit Traktor fahren, Streichelzoo und Hüpfburgen. Staunen und sich Fürchten kann man im **Filmpark Babelsberg**. Früchte selber zu ernten, ist lohnenswert mit der ganzen Familie auf den **Obstplantagen** rund um Werder. Ist das Wetter mal nicht so gut, geht es in die **Havel-Therme** in Werder mit Plansch- und Familienbecken. Nicht zuletzt laden das ganze Jahr über Veranstaltungen und Feste Kinder und Jugendliche ein.

Baden im Havelland

Die Havel sowie die Havelseen bieten eine Vielzahl an Bademöglichkeiten. Die Wasserqualität ist gut bis sehr gut. Es gibt schöne Naturbadestellen, aber auch betreute Strand- und Freibäder.

Die Betreiber des **Waldbades** am **Nymphensee** in Brieselang werben mit dem Slogan: „Sauberster See des Havellandes“, hier gibt es nicht nur

Urlaub auf dem Floß
Alles fließt

In einem kleinen Haus auf dem Wasser ruhig dahinschippern, sonnen, baden, in der Natur übernachten. All das geht mit einem Floß.

In den letzten Jahren wurde der Floßurlaub immer beliebter. Flöße und Hausboote gibt es von einfach bis luxuriös, vom kleinen Holzhaus bis zum komfortablen Chalet. Die meisten Boote kann man führerscheinfrei benutzen. Sie sind entsprechend ihrer Klasse ausgestattet mit Stühlen und Tischen, Betten, Grill, Geschirr und Kochutensilien sowie mit einer Toilette, mit oder ohne Dach, manche sogar mit Dachterrasse. Die meisten Flöße sind von März bis Mitte Oktober unterwegs. Es gibt aber auch beheizbare Hausboote, die ganzjährig zu mieten sind. Man kann ein Floß für einen Tagesausflug mieten oder für eine ganze Saison. Mit 15 PS tuckern zum Beispiel das schneeweiße *Falkenfloss* ab Brandenburg durch die Gegend. *BunBo – Das Bungalow Boot* erinnert mit den roten Kajüten an schwedische Holzhäuser. Die Firma *Diki Tours* macht im Winter auch Glühweinfahrten. Tagespreise in der Saison starten bei 225 Euro. Etwas preisgünstiger sind die recht einfachen Boote von *Tom-Sawyer-Tours* am Beetzsee, sie können wochen- und tageweise gemietet werden. Mit allen Flößen kann man als Tagesgast problemlos an fast allen Marinas oder einfach in Ufernähe ankern. Alle Vermieter geben eine ausführliche Einweisung und halten auch Kartenmaterial bereit.

Ein Zimmer auf dem Wasser

Eine besonders schöne Naturbadestelle findet sich an der Havel bei Parey

einen Nichtschwimmer- und FKK Bereich, sondern auch leckere Cocktails.

Weitere schöne **Strandbäder** sind in Caputh, Ferch, Babelsberg und in Werder am Plessower und Glindower See. **Freibäder** sind das Sommerbad Staaken-West, das Waldbad Falkensee, das Naturbad Premnitz, das Stadtbad Nauen und das Erlebnisbad Havelberg.

Bei den **freien Badestellen** hat man die Qual der Wahl. In der Nähe von Berlin bietet der **Sacrower See** das wohl klarste Wasser. Auch rund um den **Groß Glienicker See** gibt es lauschige Plätze.

Die Potsdamer baden gern am nördlichen Ende des **Heiligen Sees** und dazu noch FKK, was Besucher im Neuen Garten häufig irritiert.

Die Brandenburger schwören auf ihren 22km langen **Beetzsee**, tatsächlich gibt es nördlich des stark frequentierten Stadtstrandes viele kleine Badestellen. Vor den Toren Rathenows ist der **Wolzensee** sehr beliebt, auch wegen der Gaststätte Blockhaus.

Der **Hohennauener-Ferchesarer See** hat eine ausgezeichnete Wasserqualität. Badestellen sind in Semlin und Hohennauen, wo es neben den Liegewiesen gleich die Fischgaststätte „Fischerhütte" oder die "Seeterrassen" gibt. In der Dranseschlucht badet man idyllisch, außerdem gibt es ein nettes Eiscafé.

Schöne Badeseen liegen auch in Kleßen oder Göttin. Das Baden in der unteren Havel, im Fließgewässer, erfordert Übung und ist nicht unbedingt für Kleinkinder geeignet.

Doch es gibt sehr schöne Naturbadestellen mit Sandstränden, so in Parey, Strodehne, Bahnitz, Kähnsdorf, Göttlin oder Milow. Die Naturbadestelle in Bahnitz fungiert auch als ein Biwakplatz, dort können Kanutouristen ihr Zelt aufstellen und es gibt sogar eine Feuerstelle.

Liebe Leserinnen und Leser,

alle Angaben in diesem Reiseführer sind gewissenhaft geprüft. Trotz gründlicher Recherche unserer Autorinnen und Autoren können sich manchmal Fehler einschleichen. Wir bitten um Verständnis, dass der Verlag dafür keine Haftung übernehmen kann. Über Hinweise, Berichtigungen und Ergänzungsvorschläge freuen wir uns jederzeit:

via reise verlag
Lehderstraße 16–19
13086 Berlin
E-mail: post@viareise.de
www.viareise.de

2. komplett überarbeitete und neu gestaltete Auflage, Berlin 2024

ISBN 978-3-949138-40-9

Text & Recherche
Dolores Kummer

Redaktion
Nelly Möller, Klaus Scheddel, Gabriela Dimitrieva

Umschlagreihengestaltung
Nino Arndt

Herstellung
via reise verlag und Artegraph GbR, Berlin

Layout & Gestaltung
Annelie Krupicka

Kartografie
Annelie Krupicka, Julian Funke

Druck
Druckhaus Sportflieger, Berlin

MIX
Papier aus verantwortungsvollen Quellen
FSC® C104586
FSC www.fsc.org

Fotos
Dolores Kummer, außer:
CeHa/Stock.adobe.com 15; J. G. Gutierrez/ Shutterstock.com 17; Kai_Vogel/ Pixabay.com 18; TMB 20; gemeinfrei 21, 24/25, 27, 48; Sina Ettmer/ Stock.adobe.com 32/33, 117, 121, 155; immodium/ Shutterstock.com 35; Rochu_2008/Stock.adobe.com 37; L. Spörl 38; neurobite/Stock.adobe.com 40; K. Scheddel 43, 49, 50, 53, 55, 56, 57, 59, 103, 130, 152, 157; A. Bogacki/Stock.adobe.com 47; SPSG/ M. Lüder 54; holger.l.berlin/Stock.adobe.com 68, 80, 112, visitBerlin/ D. Schwelle 71; visitBerlin/ Runge 73; J. Steiner/Stock.adobe.com 85; Lilli/Stock.adobe.com 86; Wildpix imagery / Stock.adobe.com 87; fotoxo/Stock.adobe.com 102; shorty25/Stock.adobe.com 108; M. Krüttgen /Stock.adobe.com 111; M. Horchler 114; rotschwarzdesign /Stock.adobe.com 116; Verena N./ Pixelio.de 123; U. Wiebrecht 125; Anne/Stock.adobe.com 134; travelguide/Stock.adobe.com 145; S. Lehmann 154, 156; T. Radziwill 173, A. Schulz/ Stock.adobe.com 174; K. Handschuh 192;

Umschlag vorn
Brandenburg a. d. H., Blick über die Havel
(Rolf Handcke/pixelio.de)

Umschlagklappe vorn
Parey, Flussbadestrand
(Dolores Kummer)

Umschlag hinten
Blick auf die Altstadtinsel in Werder
(Dolores Kummer)

Umschlagklappe hinten
Templiner See bei Caputh
(Dolores Kummer)

Kartenregister

Kartensymbole

Sehenswürdigkeit
Strand
Aussichtspunkt
Parkplatz
Kirche
Haltestelle
Leuchtturm
Hafen
Flugplatz
Bahnhof
Tram mit Haltestelle

Havelland zum Mitnehmen

HavellandKeramik

Der Grafik-Designer Klaus Handschuh hat sich in die Landschaft des Havellandes verliebt und zeigt das nun auf Tassen, Kannen und Vasen. Die schönen Mitbringsel gibt es in seiner Werkstatt in Rathenow, im Schloss und in der Alten Schule Ribbeck.

Kirchplatz 20 | 14712 Rathenow | www.klaus-handschuh.de

Bio-Sanddorn-Spezialitäten

Seit vielen Jahren baut das Team um Christine Berger rund um Werder Sanddorn an. Inzwischen gibt es zahlreiche Bio-Produkte und Sanddorn-Delikatteseen aus ihrer Manufaktur, einen Hofladen, Restaurant und Café.

Christine Berger GmbH & Co. KG | Fercher Straße 60 | 14542 Werder/OT Petzow | www.sanddorn-christine-berger.de | Nov.–März Mo–Fr 10–17, Sa/So/Fei 10–18, Apr.–Okt. Tgl. 10–18 Uhrr

Backmone

Monika Knape liebte seit jeher knusprige Kekse, seit 2017 stellt sie eigene Cantuccinikreationen in ihrer Manufaktur in Geltow her. Haselmone, Schokomone, superlecker!!!

Caputher Chaussee 3 | 14548 Schwielowsee OT Geltow | www.backmone.de | Die Backstube öffnet Mo ab 13 Uhr

Obsthof Lindicke

Ein traditioneller Familienbetrieb mit Weinberg, Obstplantagen und Obstverarbeitung. Schön ist es zum Baumblütenfest in Lindickes Plantagen den Obstwein zu probieren, im Hofladen gibt es neben Marmeladen, Obstweinen und -säften auch Äpfel und Kirschen.

Am Plessower Eck 1 | 14542 Werder (Havel) | www.obsthof-lindicke.de | Mi-Fr 9–18, Sa 9–16, So 10–16 Uhr.